近代人文社會科學譯著（第二輯）

熊月之 主編

論理學達旨

[日]清野勉 著 林祖同 譯

中等教育倫理學

[日]元良勇次郎 著 麥鼎華 譯

新世界倫理學

[日]乙竹岩造 著 趙必振 譯

上海科學技術文獻出版社

图书在版编目（CIP）数据

论理学达旨　中等教育伦理学　新世界伦理学 / 熊月之主编．—上海：上海科学技术文献出版社，2023
（近代人文社会科学译著．第二辑）
ISBN 978-7-5439-8771-5

Ⅰ．①论…　Ⅱ．①熊…　Ⅲ．①哲学—研究　Ⅳ．①B0

中国国家版本馆 CIP 数据核字 (2023) 第 034863 号

策划编辑：张　树
责任编辑：王　珺
封面设计：徐　利

论理学达旨　中等教育伦理学　新世界伦理学
LUNLIXUEDAZHI　ZHONGDENGJIAOYULUNLIXUE　XINSHIJIELUNLIXUE
熊月之　主编
出版发行：上海科学技术文献出版社
地　　址：上海市长乐路 746 号
邮政编码：200040
经　　销：全国新华书店
印　　刷：商务印书馆上海印刷有限公司
开　　本：889mm×1194mm　1/32
印　　张：11
版　　次：2023 年 3 月第 1 版　2023 年 3 月第 1 次印刷
书　　号：ISBN 978-7-5439-8771-5
定　　价：118.00 元
http://www.sstlp.com

近代人文社會科學譯著（1807—1919）序言

熊月之

一

人文社會科學，包含人文學科與社會科學兩類。〔一〕

〔一〕人文學科之所以稱『學科』而不稱『科學』，因爲通常所説的科學（science），主要指以物爲研究對象、可以通過實驗進行驗证的自然科學，而人文學科則以人爲研究對象，具有個别、私人、主觀性質，無法驗证。自然科學與人文學科處於比較的兩端，差异較大，而社會科學與自然科學之間，差异較小，且在取向、知識生産模式、研究方法等方面，較爲接近。人文學科與自然科學的區别，也表現在分析和解釋方向：自然科學從多樣性、特殊性、復雜性、偶然性走向統一性、一致性、簡單性和必然性；相反，人文學科則突出獨特性、意外性、復雜性和創造性。它們屬於不同的思維能力，使用不同的概念、不同的語言形式進行表達。自然科學是理性的産物，使用事實、規律、原因等概念，並通過客觀語言溝通信息；人文學科是想象的産物，使用現象與實在、命運與自由意志等概念。所以稱『學科』而不稱『科學』，更爲突出人文學科的特質。參見《簡明不列顛百科全書》（第6卷），北京：中國大百科全書出版社，1986年，第761頁；李醒民《知識的三大部類：自然科學、社會科學和人文學科》，《學術界》2012年第8期。

學科分類在不同歷史時期、不同語境下並不相同，標準、方法也見仁見智。近代以來，學術界逐漸傾向於將人類知識分爲三大部類，即自然科學、社會科學與人文學科。自然科學以自然即客觀的物質世界作爲研究對象，包括數學、物理學、化學、天文學、地學（地理學、地質學、氣象學）與生物學等；社會科學以人類社會作爲研究對象，涵蓋經濟學、政治學、法學、社會學、行政學、教育學、倫理學等；人文學科以人爲研究對象，探尋人的生存及其意義、人的價值及其實現，涉及語言學、文學、歷史學、哲學、藝術等。

本書選輯起止時間爲1807—1919年。

衆所周知，中國近代史的起止時間，亦即中國近代史的研究對象，是從1840—1949年，因爲這百餘年的中國，是相對完整的近代形態，是一個完整的歷史時期。但是，近代西方人文社會科學在中國翻譯、傳播的歷史，與中國近代歷史的進程並不完全同步。

首先，起步更早。1807年，基督教新教傳教士、英國人馬禮遜來到澳門，然後進入廣州，拉開新一輪西學傳播序幕。稍後英國傳教士米憐、德國傳教士郭實臘等，絡繹東來。他們在馬六甲、新加坡、巴達維亞等地，開學校，辦印刷所，在當地華僑中傳播西學。他們所出版的涉及人文社會科學知識的書籍雖然不很多，但這些西學知識，與鴉片戰爭以後傳入中國的西學知識屬於統一整體，也是後者之先聲。

其次，心態轉變也早。近代中國讀書人、思想界對於以歐美爲中心的西方人文社會科學，有個從仰視到平視的轉變過程，其轉折點便是第一次世界大戰。1914—1918年，發生在帝國主義國家之間的世界大戰，有三十多個國家、15億人口卷入，傷亡人員三千萬，經濟損失難計其數。這一殘酷現實，讓中國讀書人、思想界明白，西方科學並不萬能，人類社會的演變，並不總是沿着進步的方向直綫上昇。巴黎和會上西方列强對於中國主權的無視與陵鑠，更讓中國人明白，世界上並不存在什麽平等對待弱者的『公理』。這種世界性的倒退與不公，促使東西方有識之士更加深刻地思考人類的未來，更加理性地思考東西方文化的價值。此後，西方人文社會科學在中國讀書人、思想界那裏，盡管仍然是最爲重要的文化資源之一，但已從至高無上的峰頂跌落下來，成爲與東方文化等量齊觀的一端。

這是本書將下限斷爲1919年的主要原因。

二

在介紹近代西方人文社會科學在中國傳播之前，有必要先回溯一下明末清初那段時間這方面的情況。明末清初，利瑪竇、艾儒略、南懷仁等耶穌會傳教士編寫、或與徐光啓、李之藻、楊廷筠等人合譯的一批西學書籍，其中有十多部較多涉及人文社會科學内容，如《西國記法》（1595）、《職方外紀》（1623）、《西學凡》（1623）、《靈言蠡勺》（1624）、《西儒耳目資》（1625）、《治平西學》（約1629）、《修身西學》（1630）、《名理探》（1631）、《童幼教育》（1632）、《西方問答》（1637）、《齊家西學》（崇禎年間）、《坤輿全圖》與《坤輿圖説》（1674）、《窮理學》（1683）等，這些書對歐洲的哲學、政治學、經濟學、教育學、文學、歷史學、地理學等方面的知識有所介紹。

比如，傅汎際和李之藻合譯《名理探》，介紹了『愛知學』即哲學的含義。南懷仁編《窮理學》，介紹邏輯學的功用，稱窮理學『爲百學之宗』，爲『訂非之磨勘，試真之礪石，萬藝之司衡，靈界之日光，明悟之眼目，義理之啓鑰，爲諸學之首需者也。』[一]高一志著《治平西學》，爲最早漢譯西方政治學著作，分別從王公、群臣、兆民的行爲準則，説明何者爲宜、何者應戒，還介紹了世界上的三種政體形式：『一曰一人且王之政；二曰數人且賢之政；三曰衆人且民之政是也。』[二]艾儒略譯《職方外紀》，對歐洲教育制度包括學制、課程設置、考試方式均有所介紹。高一志著《修身西學》，述及西方倫理學知識，包括修身目的、修身憑藉與修身方法，主旨在於指明人類通過修德以確保自身行動的善，從而獲得美好，達到幸福境界。天啓年間出版的《况義》，是《伊索寓言》在中國傳播的第一個譯本。

明末清初西方人文社會科學在中國的傳播，傳播主體是利瑪竇等傳教士，中國學者徐光啓等參與譯述潤色，所傳内容從總體上説，比較零碎，不成系統，所譯編成書籍印數較少，傳播範圍較小，很多内容只是在少量學者中流傳。但是，他們所傳許多知識，開啓了近代西學東漸的先河，如地圓説、五大洲説、腦主記憶説；所創譯的諸多名詞，也被近代沿用，如亞細亞、歐羅巴、大西洋、地中海、自鳴鐘、天主等。他們以『理學』翻譯哲學，一度被近代學者沿用。

〔一〕南懷仁：《進呈窮理學書奏》，徐宗澤：《明清間耶穌會士譯著提要》第192頁，中華書局，1989年。

〔二〕高一志：《治平西學》，載黄興濤、王國榮編《明清之際西學文本》第2册，中華書局，2013年，第614頁。

三

近代西方人文社會科學在中國翻譯、傳播的歷史，可以分爲五個階段，即1807—1842年、1843—1860年、1861—1900年、1901—1911年、1912—1919年。

第一階段，從1807年至1842年。

17世紀末18世紀初，因宗教禮儀問題，在清朝政府與羅馬教廷之間、中國耶穌會與羅馬教廷之間、耶穌會與其他天主教會之間，出現嚴重分歧。羅馬教廷要求在華天主教徒不得祭祖、不得拜孔。康熙皇帝表示，中國祭祖敬孔，不過是一種崇敬的禮節，並無宗教性質，如果來華西人，不能像利瑪竇那樣對祭祖敬孔持尊重態度，斷不準在中國居留、傳教。雙方交涉多次，不得要領。1717年（康熙五十六年），康熙皇帝下令禁止天主教在華活動。此後，天主教在華再次步入低谷。雍正、干隆等朝，又相繼頒佈禁止天主教的命令。1773年（干隆三十八年），因宗教内部紛爭，羅馬教廷下令解散耶穌會，兩年後命令傳到中國，耶穌會正式解散。至此，自晚明開始在中國活動二百年的耶穌會，終於告一段落。西學傳播的細流亦因此截斷。

1807年，英國基督新教傳教士馬禮遜，受倫敦會委派，從英國經美國輾轉來到澳門，進入廣州，以後在廣州、澳門及南洋各地，進行傳教與西學傳播活動。稍後，英國傳教士米憐、楊威廉，美國傳教士粦爲仁、雅裨理、裨治文，德國傳教士郭實臘等，絡繹東來。他們在馬六甲、新加坡、巴達維亞等地，開學校，辦印刷所，出版《聖經》等宗教讀物，也在當地華僑中傳播西學。所出版的涉及人文社會科學方面的書籍有十來種，包括《生意公平聚益法》（1818）、《西游地球聞見略傳》（1819）、《地理便童略傳》（1819）、《東西史記和合》（1829）、《大英國統志》（1834）、《美理哥合省國志略》（1838）、《古今萬國綱鑒》、（1838）、《萬國地理全集》（1838）、《制國之用大略》（1839）、《貿易通誌》（1840），所出版刊物《察世俗每月統記傳（1815—1821）》《特選撮要每月紀傳（1823—1826）》《東西洋考每月統記傳（1833—1838）》，都含有豐富的西方經濟學、歷史學、地理學知識。

比如，《生意公平聚益法》，介紹人們相互之間進行貿易應該遵循的基本法則，《地理便童略傳》對世界主要地區與國家均有介紹，對英國、美國政治制度、司法制度介紹較爲具體。《古今萬國綱鑒》，凡244頁，分20册，是鴉片戰爭以前介紹世界歷史知識最爲詳盡的一部書。《貿易通誌》較爲翔實地介紹了西方的商業制度，魏源在《海國圖志》中，對許多國家的貿易、商業的介紹資料採自此書。《大英國統志》《美理哥合省國志略》分别翔實地介紹了英國、美國的國情。

再如，《察世俗每月統記傳》所載《論有羅巴列國》《論亞西亞列國》《論亞非利加列國》《論亞默利加列國》《法蘭西國作變復平略傳》等文，介紹歐洲、亞洲、美洲等地地理、歷史知識，介紹了法國的歷史。還在1821年，便介紹了剛剛立國45年的美國，稱其面積寬大，盛産各物，港口衆多，人口增加很快，且有智有力，預料其日後必爲美洲最大國家。〔一〕《東西洋考每月統記傳》所載《通商》《貿易》《公班衙》等文，

〔一〕《論亞默利加列國》，《察世俗每月統記傳》卷七，道光元年。

介紹西方通商理論，認爲通商貿易對商人、人民、國家都有好處，强調通商貿易要篤實誠信，不可食言行騙。

鴉片戰争以前，中國還没有被英國打敗過，中西關係還比較平等，傳教士在介紹西方情況時，心態還不是那麽傲慢，所以，行文常用對話體，以中國人習慣的説書形式出現。爲了迎合中文讀者心理，作者論述問題，每每先引一段中國古代聖賢的語録或故事，然後進行中西比較，説明東方西方，心同理同。這種表達方式，類似於明末清初耶穌會士，而不同於鴉片戰争以後傳教士那種居高臨下姿態。

第二階段，從 1843 年至 1860 年，即五口通商時期。

在 1840 年至 1842 年的中英鴉片戰争中，清朝政府戰敗，被迫與英、美、法等國簽訂不平等的《南京條約》、《望厦條約》和《黄埔條約》，被迫割讓香港給英國，開放廣州、福州、厦門、寧波、上海作爲通商口岸，允許外國人在這些口岸傳播宗教、開設學堂、開辦醫院。於是，傳教士便將活動基地從南洋遷到中國東南沿海，開始了晚清西學傳播史上的新階段。這一階段，通商口岸成爲傳播基地。此前，傳教士的活動局限於南洋一帶，西學書刊雖亦能傳至中國大陸，其所辦學校中也有華人，但畢竟水路迢迢，對中國内地影響有限。五口通商後，麥都思、雅裨理、慕維廉、艾約瑟等傳教士以這些地方爲基地，辦學校，出書刊，進行各種西學傳播活動，東南沿海遂成中國率先接受西學影響的地區。傳教士所出版《聯邦志略》(1846)、《格物窮理問答》(1851)、《地理全志》(1853)、《大英國志》(1856)、《地球説略》(1856)、《地理略論》(1859)等書籍，《中西通書》(1853—1860，年鑒)、《遐邇貫珍》(1853—1855)、《六合叢談》(1857—

1858）等雜誌，包括豐富的歷史學、地理學、經濟學知識，也有一些哲學、文學知識。

比如，《遐邇貫珍》所載《花旗國政治制度》一文，不但介紹了美國的總統選舉制、立法、司法、行政、聯邦及各州之組織，還將英、美政治制度作了比較，認爲各有利弊。再如，慕維廉譯編的《大英國志》與《地理全志》，都是超過三百多頁的大書，前者翔實地介紹了當時世界上最强大的帝國英國的歷史與現實，後者比較宏觀地介紹了世界地理知識。

這一時段，傳教士忙於在通商五口進行傳教活動，出版宗教讀物繁多，所出人文社會科學書籍較少，十來種而已，但是這些書刊在中國士紳中還是産生了比較廣泛而重要的影響。魏源編《海國圖志》，廣泛徵引了《地球圖説》等西書；徐繼畬撰《瀛寰志略》，直接得益於雅裨理等人的西書資料；王韜、管嗣復參加了一些西書與雜誌的譯編，受到這些知識的深刻影響。王韜日後出版《西學輯存六種》，頗得益於他在墨海書館協助偉烈亞力等人的西學熏陶，管嗣復則將其西學知識轉述給其老師馮桂芬，促成馮桂芬名著《校邠廬抗議》的誕生。《聯邦志略》《地理全志》《地球説略》等書還傳到了日本，並有日譯本行世。

第三階段，1860年至1900年。

1856年至1860年，英國、法國在美國、俄國等支持下，發動了侵略中國的第二次鴉片戰爭。中國再次慘敗。侵略者逼迫清朝政府先後簽訂了《天津條約》（1858）、《北京條約》（1860）等一系列不平等條約。通過這些條約，外國侵略者從中國勒索了大筆戰爭賠款，取得了一系列侵略特權。其中，與西學傳播密切相關的有：一、增開11個通商口岸，即天津、牛莊、登州、臺南、潮州、瓊州、鎮江、南京、九江、漢口、淡水。後來實際開埠時，牛莊改爲營口，登州改爲煙臺，潮州改爲汕頭。條約規定，外國人可以在這些通商口岸居住、賃房、買屋、租地起造禮拜堂、醫院、墳塋等。二、傳教自由。三、外國人可到中國内地各處遊歷、通商，中國政府應提供方便。四、開放長江。這樣，加上先前割讓的香港，開放的五口，中國被迫對外開放的城市達17個。外國人可以在南起廣州、厦門，中經上海、煙臺，北至天津、營口，東起上海、南京，沿江西上，直到中國内地，這樣廣闊的範圍裏自由活動。其結果，加强了西方列强對中國的政治侵略、經濟掠奪，也便利了他們對中國的文化滲透。

在清政府方面，以咸豐皇帝去世、辛酉政變發生、慈禧太后掌權爲轉折點，中國對外對内政策有了重大調整。總理各國事務衙門的設立，京師同文館、上海廣學會的創辦，以學習西方堅船利砲、聲光化電爲重要内容的洋務運動的開展，江南製造局等機構的設立，中國向歐洲、美洲與日本等地駐外使臣的派出，聖約翰大學等衆多教會學校的創辦，都對西學傳播產生了重要影響。1894年發生的中日甲午戰爭，中國再次慘敗，激起變法思潮高漲，維新運動發生，更推動了西學傳播的高漲。

這一階段，譯介西學方面，有兩支力量同時發力，即清政府官辦機構與教會機構，前者以京師同文館、江南製造局翻譯館爲其著者，後者以設在上海的以基督新教傳教士爲主的廣學會最爲突出，天主教耶穌會設立的土山灣印書館也貢獻甚多。

這一階段，所出版的人文社會科學譯著，數量較前大爲增多，約130種，超過以往約三百年所出同類書籍總數。内容也更加厚實系統，有適應瞭解國際形勢與外國情况需要的《萬國公法》（1864）、《歐洲史略》（1886）、《希臘志略》（1886）、《羅馬志略》（1886）、《四裔編年表》（1874）、《萬國史記》（1880）、《法國律例》（1880）、《萬國通鑒》（1882）、《八星之一總論》（1892）、《各國交涉公法論》（1898）、《歐羅巴通史》（1900）等；有介紹外交常識的《星軺指掌》（1876）、《公法便覽》（1877）、《公法會通》（1880）；有介紹西方歷史、哲學、經濟學基礎知識的《佐治芻言》（1885）、《西學略述》（1886）、《辨學啓蒙》（1886）、《富國養民策》（1886）、《地球一百名人傳》（1898）；有適應變法需要、介紹外國變法的書籍《自西徂東》（1884）、《列國變通興盛記》（1894）、《泰西新史攬要》（1895）、《文學興國策》（1896）；有爲變法運動提供理論支撑的《天演論》（1898）、《民約通義》（1898）；有爲教育變革提供學術資源的《西國學校》（1873）、《肄業要覽》（1882）、《七國新學備要》（1888）、《教育學綱要》（1899）；有合哲學與心理學爲一體的《心靈學》（1889）、《治心免病法》（1896）。《格致匯編》刊載傅蘭雅所作的《混沌説》（1877），概略地叙述了當時中國還不大有人瞭解的生物進化論觀點。廣學會出版的李提摩太翻譯的《百年一覺》（1894），原爲美國空想社會主義小説，影響極廣。同爲廣學會出版的《大同學》（1899），第一次向中國人介紹了馬克思及其學説。

第四階段，1901年至1911年。

1898年的戊戌政變，1900年的八國聯軍侵略中國之役，使清朝政府的威信跌到最低點，中國國際、國内形勢均發生巨大變化。一方面，愛國人士、知識分子失望到極點，革命風潮因之而生，留日熱潮驟然而起。另一方面，清政府實行新政，鼓勵工商，廢除科舉，改革學制，繼而宣佈預備立憲。這兩方面都亟需西學（新學）資源。在這兩方面因素的共同作用下，西方人文社會科學在中國的傳播，呈井噴之勢，從内容到方式、從數量到質量都有巨大變化。

此前，西學知識主要由翻譯英、法等西書而來。1900年以後，由日本轉口輸入西學數量急劇增長，日本成爲西學輸入主要來源地。從1900年到1911年，中國通過日文、英文、法文共譯各種西書至少有1599種〔一〕，遠遠超過此前90年中國譯書的總數。從1902年至1904年，共譯西書533種，其中日文書籍達321種，占總數的60%。

在繁多的中譯西書中，人文社會科學比重加大。以1902年到1904年爲例，三年共譯文學、歷史、哲學、經濟、法學、政治學等人文社會科學書籍327種，占譯書總數的61%。同期翻譯自然科學書籍112種，應用科學56種，分别只占譯書總量的21%和11%。〔二〕所占比重從多到少的順序爲人文社會科學→自然科學→應用科學，與之前幾十年的情形正好相反。京師大學堂從1898年到1911年翻譯、出版西學教科書有六十餘部一百多册，其中人文社會科學類占62%。〔三〕這表明當時西學輸入的重心，已從器物技藝等物質文化層面轉到思想、學術等精神文化層面。

〔一〕見拙著：《西學東漸與晚清社會》（修訂本），中國人民大學出版社，2011年，第11頁。

〔二〕以上數據均見拙著：《西學東漸與晚清社會》（修訂本），第11頁。

〔三〕範軍：《歲月書痕》，華中師範大學出版社，2017年，第165頁。

就內容而言，這一階段所譯人文社會科學書籍，舉凡哲學、文學、歷史、經濟、法學、政治學等各學科，都有頗成規模的系統譯作。

哲學方面，概論性譯作就有9部，如井上圓了著、羅伯雅譯《哲學要領》（1902），德國科培爾著、下田次郎述、蔡元培譯《哲學要領》（1903），井上圓了著、王學來譯《哲學原理》（1903）；邏輯學譯作18部，如楊蔭杭譯《名學》（1902），清野勉著、林祖同《論理學達恉》（1902），十時彌著、田吴炤譯《論理學綱要》（1902）、嚴復譯《穆勒名學》（1905），大西祝著，胡茂如譯《論理學》（1906），英國耶方斯著、王國維譯《辨學》（1908），法國孟德福著、李問漁譯《名理學》（1908）。其他哲學著作（含哲學家介紹、各國哲學、哲學史）9部，如蟹江義丸著、範迪吉等譯《西洋哲學史》（1903）、姉崎正治著、範迪吉等譯《宗教哲學》，井上圓了著、蔡元培譯《妖怪學講義録（總論）》（1906）；心理學譯作21部，如元良勇次郎著、王國維譯《心理學》（1902），長尾槙太郎著、蔣維喬譯《心理學》（1906）等；倫理學譯作10部，如元良勇次郎著、麥鼎華譯《倫理學》（1902）、德國泡爾生著、蔡元培譯《倫理學原理》（1909）；教育學46部，如立花銑三郎述、王國維譯《教育學》（1901），能勢榮著、葉瀚譯《泰西教育史》（1901）。清末一度流行哲學救國論，一批學者認爲救國應先救其人，救人應先救其心，救心應先救其學，而救學則應從譯介西方哲學始。因此，舉凡古希臘、羅馬哲學，西方近代哲學，以及重要哲學家生平及其學說，幾乎無一不被譯介。

文學作品翻譯更是繁盛一時，內以小説最多。據研究，從1901—1911年，中國共翻譯域外小説547

部，散文集22部，戲劇1種[一]。對英、美、法、俄、德、日、荷蘭、奥地利、瑞士、希臘等國文學作品均有翻譯，内以英、法、日三國最多。英國的莎士比亞、笛福、斯威夫特、哈葛德、柯南道爾、司各特、哈代、拜倫、狄更斯、斯蒂文森等，法國的小仲馬、雨果、大仲馬、朱力士、迦爾威尼，美國的斯土活夫人、布萊特夫人等人作品都有翻譯。譯自英國的，僅林紓就與人合譯哈葛德《迦因小傳》和《鬼山狼俠傳》等20種、柯南道爾《歇洛克奇案開場》等7種、司各特《撒克遜劫後英雄略》等3種、斯蒂文森《新天方夜譚》等。同是柯南道爾作品，就有周桂笙、林紓和魏易、陳家麟、包天笑等人投入翻譯。譯自法國的有，林紓與他人合譯的《巴黎茶花女遺事》《賂史》，薛紹徽譯的《八十日環遊記》，包天笑譯的《鐵世界》，朱樹人譯的《穡者傳》和《冶工軼事》，陳春生譯的《獄中花》，梁啓超等譯的《十五小豪杰》，魯迅翻譯的凡爾納小説《月界旅行》。從1899年到1911年，從日本翻譯過來的小説有55種，其中1907年就翻譯了11部，内有《佳人奇遇》《經國美談》《謀色圖財記》《美人島》《世界一周》等。[二]

歷史學方面，比較重要的有102部，其中通史14部，如作新社出版的《萬國歷史》(1902)、支那翻譯會社的《萬國史綱》(1903)、杭州史學齋的《萬國史要》(1903)、上海通社的《世界通史》(1903)、山西

[一] 鄧集田：《中國現代文學的出版平臺—晚清民國時期文學出版情況統計與分析(1902—1949)》，華東師範大學博士論文，2009年，第502—512頁。

[二] 汪帥東：《晚清日本文學翻譯研究》，《當代外語教育》，2018年，第2輯。

大學堂譯書院的《邁爾通史》(1905)、江楚編譯官書局的《萬國史略》(1906)。其中英國李思倫白著、蔡爾康等譯編的《萬國通史》，規模最爲宏大，凡30卷，相繼於1900、1904、1905年由廣學會出版。地區史、國別史52部，如東亞譯書會《歐羅巴通史》(1900)、金粟齋《西洋史要》(1901)、商務印書館《亞美利加洲通史》(1902)、文明書局的《泰西通史》(1903)等，還有英、美、德、法、日等國歷史。變政史、維新史、獨立史17部，如作新社的《英國維新史》(1903)、文明書局的《佛國革命戰史》(1903)、商務印書館的《美國獨立戰史》(1911)，還有關於意大利、菲律賓、希臘、印度等國獨立或變革史。其他專史5部，如開明書店的《近世海戰史》(1903)、文明書局的《世界女權發達史》。人物傳記14部，包括華盛頓、拿破侖、彼得大帝、俾斯麥等個人傳記，還有世界名人、歐洲政治學家、日本維新志士等合傳。

政治學方面，比較重要的譯編有29部，其中政治學概論性的譯作，有高田早苗講述、嵇鏡譯《國家學原理》(1901)，德國伯倫知理原著、梁啓超譯《國家學綱領》(1902)，德國那特硜著、馮自由譯的《政治學》(1902)、戢翼翬等譯《那特硜政治學》(1901)，市島謙吉著、麥曼蓀譯《政治原論》(1902)，美國伯蓋司著、楊廷棟譯《政治學》(1904年以前)；政治學理論譯作有英國斯賓塞著作、楊廷棟譯《原政》(1902)，法國盧梭著、楊廷棟譯《路索民約論》(1902)，浮田龢民著、出洋學生編輯所譯《帝國主義》(1902)，西川光次郎著，周子高譯《社會黨》(1902)，馬君武譯《彌勒約翰自由原理》(1903)，幸德秋水著、中國達識社譯《社會主義神髓》(1903)，村井知至著、侯士綰譯《社會主義》(1903)，加藤弘之著、陳尚素譯《人權新說》(1903)，福井準造著、趙必振譯《近世社會主義》(1903)，英國甄克思著、嚴復譯《社會通詮》(1904)

等。介紹各國政治態勢的有《萬國政治叢考》《最新萬國政鑒》《最新萬國政治制度》《萬國國力比較》《歐美政教紀原》《十九世紀末世界之政治》《美國民政考》等。

經濟學方面，1901年至1911年出版譯作23部。其中，嚴復翻譯的《原富》出版，是西方經濟學經典著作首次完整譯出。1902年，《欽定學堂章程》規定，今後學制三年的高等學堂政科，必須設立『理財學』即經濟學課程，這促進了西方經濟學説引進與傳播。此後，楊廷棟編《理財學教科書》、天野爲之著《理財學綱要》、商務印書館出版的田尻稻次郎著《理財學精義》，均列爲中小學理財學教材。1906年至1908年，政治經濟社等機構出版了《公債論》《租税論》《紙幣論》《貨幣論》《財政學》《計學》《比較財政學》等多種屬於經濟學分支的著作。

法學方面，這一階段譯作特多。從1901年至1911年，共譯法學書籍263種〔一〕，是晚清社會科學中譯書最多的學科。1902年，清廷命沈家本等遴選諳習中西律例司員分任纂輯，延聘東西各國精通法律之博士、律師以備顧問，復調取留學外國卒業生從事翻譯。於是，清政府有計劃地翻譯大量法律書籍。民間譯書機構或出於社會需求，或出於牟利目的，也翻譯了大批法學書籍。從國際公法、國際私法，民法、刑法、民事訴訟法、刑事訴訟法、行政法，應有盡有。不但一般性的介紹法學原理、法學流派、國際法的著作都有介紹，而且各種具體法規法制，如警察學、監獄學，也很豐富。有的同一種著作有多種譯本，

〔一〕田濤、李祝環：《清末翻譯外國法學書籍評述》，《中外法學》，2000年，第3期。

單1903年，《國際私法》就有4種譯本，《國法學》有5種譯本，《法學通論》有6種譯本。1904年至1909年，清政府爲適應法律改革需要，由修定法律館主持審定，翻譯了一大批刑法、民法方面的書籍，包括德國、法國、美國、意大利、日本等國刑法、民法多方面具體法規。1906年以後，中國地方自治聲浪日高，與地方自治相關的自治法規、地方性法規書籍翻譯頗多，諸如《地方自治論》《英國地方政治》《歐洲大陸市政論》《日本府縣制郡制要義》，與地方自治相關的警察書籍翻譯尤多，諸如《最近警察法教科書》《德國警察法》《警察全書》《警察學》《偵探學》。這些書主要自日文譯出，法律也以日本爲多。這一時期引進日本法律最爲全面的一部書籍，即《新譯日本法規大全》，由張元濟、劉崇杰等翻譯，内容相當廣泛，對清末法制改良有着重大影響。

第五階段，1912—1919年。

隨着清廷覆滅，中華民國建立，政治建設、法制建設、公民道德建設等任務提到人們面前，這些方面的譯介著作也隨之增多。與政治建設、法制建設有關的譯作主要有：同是英國莫安仁著、許家惺譯的《英國立憲鑑》(1912)、《英議院權力發達史》(1912)，英國布賴斯著、孟昭常譯《平民政治》(1912)，美國麥萊著、陳其鹿譯的《美國民主政治大綱》(1912)，美國約翰·温澤爾著、楊鉓森、張萃農譯的《美法英德四國憲法比較》(1913)，日本田中萃一郎著、畢厚譯《歐美政黨政治》(1913)，美國黎卡克著、梁同譯的《政府論》(1914)、法國路易·普羅爾著、高仲和譯的《政治辨惑論》(1914)，日本齋藤隆夫著、姚大中譯的《比較國會論》(1917)。東方法學會譯編法律要覽叢書多種，由泰東書局出版，包括《民法要覽》《民事訴訟法要覽》《商法要覽》《刑法要覽》等，影響廣泛。

有關公民道德建設的譯作甚多，諸如《國民道德談》（1915）、《道德之研究》（1915）、《品性論》（1916）《泰西改良社會策六章》（1917）、《新道德論》等。其中，英國著名道德學家斯邁爾斯（S. Smiles，1812–1904）多種著作被多次翻譯，包括《勤儉論》（1914）、《克己論》（1915）、《職分論》（1917），葉農生、蔣方震、秦同培等均參與譯事。第一次世界大戰爆發以後，有一批與戰爭有關的譯作問世，如《德意志戰論》《開戰時之德意志》《美國總統威爾遜參戰演説》《革命心理》《國際同盟論》。

這一階段，馬克思主義、無政府主義書籍的譯介也有一些，包括1912年施仁榮翻譯恩格斯的《理想社會主義與實行社會主義》，是馬克思主義經典文本在中國早期傳播較爲完整的譯本，是恩格斯的著作《社會主義從空想到科學的發展》在中國的第一次譯介。1919年凌霜翻譯克羅泡特金的《近世科學與無政府主義》。

這一階段，所譯哲學、史學著作，均遠較清末爲少，但文學翻譯勢頭依然很猛。1912年至1919年，共翻譯域外小説250部，散文集35部，戲劇3部[一]，涉及英、法、美、俄、德、日、西班牙、奧地利、瑞士、波蘭、比利時、丹麥等國作家，内以英、法作家所占比例爲高，英、法主要作家被譯作品與清末

〔一〕鄧集田：《中國現代文學的出版平臺—晚清民國時期文學出版情況統計與分析（1902—1949）》，華東師範大學博士論文，2009年，第512—519頁。

有延續性，如英國哈葛德、柯南道爾、狄更斯，法國大仲馬、雨果等，增加較多的是美國作家華特生等人的作品，俄國托爾斯泰等人作品也陸續翻譯進來。

以上五個階段，就對中國社會影響而言，每一階段都不能忽略，各有各的影響。但綜合而言，以清末這一階段的影響，最爲廣泛而深入。數以百計的出版機構，數以千計的中譯日書，數以萬計的留日人員，難計其數的雜誌、報紙，將形形色色的西方新學轉口輸入中國。範圍之廣，數量之多，來勢之猛，是此前歷史階段也是民國初年所不可比擬的。這一階段，正是中國廢科舉、興學校的教育體制轉型期，難計其數的各門各科的新式教科書，大多是這一階段編寫的，藍本多取自日本，多取自這一階段的譯書。各門各科的辭典大量引進、編寫，無形中起着規範語言的作用。

四

近代中國被動卷入全球化浪潮之中，遭遇千古未有之變局。在此以前，中國雖然早已與外族有了關係，但那些外族都是文化較低的民族，縱使他們入主中原，到頭來也終歸爲以儒學爲核心的中國文化所化。在中國接觸的世界裏，中國以老大自居，他國也以老大尊之。但是，到了近代，情況大不一樣。中國面對的英國、美國、法國等，絶非先前的夷狄可比。這些對手，既陌生又强大，突兀而來，猝不及防。中國生產方式、生活方式、價值觀念、審美情趣、教育體系、學術體系、語言詞彙，乃至風俗習慣，無不發生深刻的變化。人文社會科學譯著，既是這一歷史變局的産物與證物，也是這一變局的助推器。

以語言詞彙而言，中國今天所用各類新詞彙，大多形成於近代。人文社會科學方面的新名詞，諸如社會、政黨、民族、階級、主義、範疇、系統、規範、唯物、唯心、主體、客體、法學、法庭、民法、刑法、金融、銀行、生産力、生産關係，都是近代出現的，而且大多是從日本移植而來。日常生活所用諸多新詞彙，也主要形成於近代。比如，以『化』字結尾的複合詞，特殊化、現代化、民族化、大衆化、自動化；以『式』字結尾的複合詞，速成式、問答式、簡易式、西洋式；以『炎』字結尾的病名，關節炎、氣管炎、腦炎、肺炎、胃炎、腸炎；以『性』字結尾的複合詞，可能性、現實性、必然性、偶然性、必要性、習慣性；以『界』字結尾的複合詞，文學界、思想界、藝術界、新聞界、出版界；以『感』字結尾的複合詞，美感、好感、惡感、情感、敏感；以『點』字結尾的複合詞，觀點、要點、焦點、重點、出發點；以『觀』字結尾的複合詞，悲觀、樂觀、人生觀、科學觀、世界觀、宇宙觀；以『論』字結尾的複合詞，一元論、宿命論、無神論、唯物論、唯心論；以『法』字結尾的複合詞，辯證法、歸納法、演繹法、綜合法、分析法。還有以『作用』『問題』『時代』『社會』『主義』『階級』等詞結尾的複合詞，心理作用、精神作用、土地問題、社會問題、舊石器時代、新石器時代、奴隸社會、封建社會、人文主義、社會主義、地主階級、農民階級。如此等等，不一而足。

新名詞如此，學科分類亦如此。以『學』字結尾的學科名，財政學、經濟學、生物學、物理學、心理學、家政學、社會學、冶金學，也都在清末定型。

近代譯介的人文社會科學，不但影響了當時的中國社會，而且業已廣泛融入中華文化傳統當中，幾乎無處不在、無時不在地體現於我們的物質文化、制度文化與觀念文化之中，體現於我們的日常生活當中。倘若不信，你且撇開此類新思想、新觀念、新學術、新詞語，寫一篇文章或者講幾句話試試！

鑒此，我們選編了這套《近代人文社會科學譯著選輯》，選擇不同歷史階段較有影響的譯著，分爲五輯，分類如下：1、人文社會科學總論與政治學；2、哲學、邏輯學、倫理學、心理學、教育學；3、歷史學、地理學、社會學、禮俗；4、法學、經濟學；5、文學、藝術、人物傳記。

鑒於嚴復所譯學術名著、林紓所譯文學著作已有多種刊本行世，本書不再收録。

《近代人文社會科學譯著》第二輯第四册説明

本册收録《論理學達恉》《中等教育倫理學》與《新世界倫理學》。

《論理學達恉》，清野勉著，林祖同譯，文明書局1902年出版。

清野勉（1853—1904），日本明治時期哲學家，駿河國（静岡縣）人。他在1890年出版《經世危言：歸納論理》（哲學學院），1892年出版《論理學：演繹歸納》（金港堂），1893年翻譯《英國兵制論》（偕行社），1895年出版《普通論理學》（内田老鶴圃），1896年出版《標注韓圖〈純理批判〉解説》（哲學學院），1899年出版《論理學：歸納法》（哲學館），1903年出版《論理學》。〔一〕

林祖同（1880—1936），浙江瑞安人。因與祖父同一天生日，故譜名祖同。二十歲時，慕《禮記·禮運》『大同』之義，改名大同，字同莊。1901年（光緒二十七年）入上海南洋公學特班（今上海交通大學前身），爲蔡元培學生。1902年，因反對該校當局壓迫言論自由，憤然退學以保獨立自尊之氣節。1903年初，自費留學日本，入同文書院、宏文學院，後進東北帝國大學，學習土木工程，1909年學成回國，應清廷留學生考試，中式舉人。翌年，廷試一等，授内閣中書。以後歷任浙江鐵路工程師、錢塘工程局局

〔一〕清野勉資料，承日本福島大學手代木有兒教授提供，謹此鳴謝。韓圖即康德。

長、浙江水利局局長兼錢塘江塘岸工程處處長等職。1936年逝世於杭州。生平善書法，能詩。著有《鑒止水齋隨筆》等。〔一〕

論理學（Logic），即邏輯學〔二〕。林祖同在南洋公學讀書時，讀到清野勉所著《歸納法論理學》，極爲欽佩，遂將其譯爲中文，由文明書局出版。他在序言中寫道：

> 泰西哲學，論理學其濫觴也。東邦維新以來，著譯盈車，而吾中國獨缺如焉（《理學須知》《辨學啓蒙》等譯者，未通此學，故多門外推敲之談）。時勢岌岌，非僅形而下之學所能補救，而況形而下者形而上者之支流。不入虎穴，焉得虎子？中國變法數十年無一效，或犯此耳。長日如年，搜刮東書，清野勉所著《演譯歸納論理學》，極深研幾，近日東邦之絶作也。國將亡，本必先顛。中國之此學者，尚希亟爲迻譯，餉我國民。〔三〕

林祖同自述其翻譯原則，對於原文深刻思議，爲了便於中文讀者理解，於是羅織科學顯明的新理加以解釋。全書凡三十一章，首先介紹論理學之性質與沿革、論理學之必要，然後介紹言語與論理之關係、三段論體之構造、歸納法推理性質、演繹法等。

〔一〕吴守强：《林大同》，載餘振棠主編《瑞安歷史人物傳略》，浙江古籍出版社2006年第219頁。

〔二〕參見本輯第二册説明。

〔三〕林祖同：《〈論理學達指〉序言》，清野勉著、林祖同譯《論理學達指》，文明書局光緒二十八年版。

此書特點，一是偏重歸納推理，二是有不少獨創譯名。有些譯名與同時代其他邏輯學譯作相同，如內包（即内含）、外延、歸納法、三段論、同一之法則、矛盾之法則、不容間位之法則，也有一些是他書所未見，如周到、不周到、重體論、要差、分派性、偶性等。

《中等教育倫理學》，元良勇次郎著，麥鼎華譯，蔡元培作序，廣智書局1902年出版。

元良勇次郎（1858—1912），日本心理學大家，生於日本攝津國（今兵庫縣），1875年就讀於日本京都同志社英語學校，1883年赴美國留學，先後就讀於波士頓大學、霍普金斯大學，1888年獲霍普金斯大學哲學博士學位，同年回國。1890年任日本東京帝國大學教授，1893年起負責心理學、倫理學、論理學第一講座。1906年成爲日本帝國學士院會員。所著《心理學》，於1890年由金港堂出版，爲日本近代心理學奠基之作。

麥鼎華（1887—1959），廣東順德人，字公立，康有爲弟子，戊戌政變後流亡日本，畢業於日本早稻田大學法科，通曉數國語言。譯作除了這部《中等教育倫理學》，還有《俄羅斯史》《哲學要領》《歐洲十九世紀史》《歐羅巴通史》《人群進化論》《埃及近代史》等。民國時期歷任北京政府司法部命事、總察廉檢察官、河北保定地方法院院長、安徽蕪湖地方法院院長、山東青島地方法院院長等職。

《中等教育倫理學》，分前、後兩編，凡五十章。緒論介紹倫理學定義與範圍，從自己、家族、社會、國家、思想等五個方面進行闡釋。作者將倫理學分爲兩大流派，一派尚直覺，一派重經驗，認爲專門者尚直覺，故主原理；普通者尚經驗，故主實踐。

蔡元培在序言中指出，中國儒家、法家都重視倫理，但各有偏頗。對於倫理，儒者尤盡力發揮之，但『大率詳於個人與個人交涉之私德，而國家倫理闕焉。法家之言，則又偏重國家主義，而蔑視個人之權利』。無論儒家、法家，其説均錯見於著述語録之間，而雜厠以哲理政治之論，無條理，無統係，甚不適於教科之用。而西洋倫理學自培根之後，日月進步，相當發達，中國應當積極引進，在學校進行倫理學教育。蔡元培認爲，元良勇次郎的《倫理講話》，很合教科書之用。『是書隱以經驗派之功利主義爲幹，而時時以直覺派之言消息之。不惟此也，社會主義與個人主義，國家主義與世界主義，東洋思想與西洋思想，凡其説至易衝突者，皆務有以調和之，而又時時引我國儒家之言以相證，又以父子祖孫之關係，易宗教之前身來世，尤合於我國祖先教之旨。故是書之適用於我教育界，並時殆無可抗顔行者』。

《時報》曾有廣告，扼要介紹《中等教育倫理學》的特點：

（此書）凡分前後兩編，前編言倫理之實用，區爲自己倫理、家族倫理、國家倫理、社會倫理等；後編言倫理之學説，所謂直覺説、功利説、快樂説、進化説等。擇精而語詳，文簡而意備。管學大臣列入教科書目中，故各省中學堂皆用作課本。〔一〕

〔一〕《中等教育倫理學》，《時報》1904年12月12日第1版。

此書出版以後，頗受教育界歡迎。到1904年8月，已銷售一萬五千部〔一〕。不料，到1908年，風雲突變，清政府學部通知全國，禁用此書爲教科書，理由是：『是書意在調和中西學説，牽合雜糅，於我國教育宗旨不合。書中載有蔡序一篇，尤多謬妄。各學堂應即禁用此外譯本』。〔二〕

《新世界倫理學》，乙竹岩造著，趙必振譯，新民譯印書局，1903年出版。

乙竹岩造（1875—1953）日本著名教育學家，三重縣人。1895年就讀於東京高等師範學校，專攻倫理學、教育學。畢業後從事修身教科書的編撰工作。1904年留美。回國後在東京高等師範學校、東京文理科大學任教授。從事實驗教育學、文化教育學的教學工作，並開展教授法的研究。後來進行寺子屋史料的調查和編集工作，1929年出版《日本庶民教育史》。

趙必振（1873—1956），湖南武陵（今常德）人，早年就讀於常德德山書院、長沙嶽麓書院、城南書院。1900年參加唐才常領導的自立軍起義，失敗後東渡日本，學習日語，廣泛接觸西學。1902年返回上海，參加廣智書局等機構的翻譯工作，所譯除《近世社會主義》、《二十世紀之怪物帝國主義》外，還有《日本維新慷慨史》《日本人權發達史》《世界十二女傑》《希臘史》《羅馬史》和《巴比倫史》等。後離開上海，到

〔一〕《中等教育倫理學》廣告，《時報》，1904年8月17日，第一版。

〔二〕《學司劄奉學部劄禁止麥鼎華譯書籍文》，《安徽學務雜誌》，1908年第5期，第33頁。

香港擔任《商報》編輯。民國初年曾任職財政部。二三十年代擔任北京民國學院、華北大學和湖南孔道國學專修學校等校教授。1949 年以後擔任湖南省文物管理委員會委員，1956 年病逝。

《新世界倫理學》，扉頁亦作《最新倫理學》，前有作者（署名梅溪學人）所作序言，介紹此書宗旨，及參考資料來源。凡三編十一章二十七節。首章緒言，介紹新倫理學，指出所謂新世界倫理學，也就是新倫理學，基於兩個前提，一是新的時代，由先前閉關到當下開放；二是科學發展新的階段。書中從四個方面，介紹新倫理學，一是社會的新倫理學，二是心理的新倫理學，三是積極的新倫理學，四是合於國體的新倫理學。書中對於從歐美傳來的各種倫理學説做了介紹與評論，並對新倫理學的立脚點作了説明。此書集東西方倫理學的學説，闡釋了社會契約、神造各理的内涵。《時報》曾做廣告，稱此書『以新道德爲基，搜集東西洋諸大家之宏著而擷其精英於德育』。〔一〕

〔一〕《最新倫理學》，《時報》，1904 年 6 月 12 日，第 8 版。

論理學達指

〔日〕清野勉 著　林祖同 譯

中等教育倫理學

〔日〕元良勇次郎 著　麥鼎華 譯

新世界倫理學

〔日〕乙竹岩造 著　趙必振 譯

日本清野勉著

論理學達恉

瑞安林祖同譯

序言

泰西哲學論理學其濫觴也東邦維新以來著譯盈車而吾中國獨缺如焉（理學須知辨學啓蒙等譯者未通此學故多門外推敲之談）時勢岌岌非僅形而下之學所能補救而況形而下者形而上者之支流不入虎穴焉得虎子中國變法數十年無一效或犯此耳長日如年搜括東書淸野勉所著演譯歸納論理學極深研幾近日東邦之絕作也國將亡本必先顚中國知此學者尙希亟爲移譯餉我國民窮原竟委之苦心而非箋箋于近功速效者也刻既成爲發其例如左

一讀書貴簡所以節省目力囟力況中東文法不同詳畧自異其有理易解無須詞費者輒事淘汰

一譯事貴達我國民智發達比日本甚幼稚其有深刻思議直譯原文積理少者或難索解則羅織科學顯明新理以助之祈一目了然不入理障

一東西各國幼治普通學長專治一學而于諸學之理解門徑皆已洞澈觸類旁通故其專門之書未治普通者不能卒讀因此而以艱深文陋譏不佞則不敢受

光緒壬寅四月望日譯者誌

論理學達指

日本　清野勉　著
瑞安　林祖同　譯

緒論

第一章　論理學之性質沿革

論理學尙矣人生天地間祈無背於理必有一定不變之規則爲所遵守指陳此一定不變之規則與探討其原理所從出而成一種學術者爲論理學

人心之靈無所不有論理學者充所既有而驅入於規則者也譬之人未考慮文法學而屬詞比事文采粲然可觀亦有與文法不謀而合者皆有人與人議論吐

詞成文而實出於無心此無他皆其所固有耳論理學由是事之來前憑理斷之亦論理也而人人時時之所能是知凡百理想皆可謂論理但未究此學者不識思想運轉之路而論理不能無愆耳

論理學一科由思想而興者也而思想之發達則賴論理學之規則而大論理學之未興也必有聰穎之人高出千百人羣之上證據於耳目之經驗遇事有所裁斷而論理學興矣聖知之士借其力以闢思想之門而範圍於正路學問進步之速乃事半功倍規矩既興離朱不能不借以定方員律呂既興師曠不能外之以掓雅樂而況學界之繁賾雖有聰明聖知其能純以耳目心思之經驗無所憑藉遂臻至善無疑之級哉夫論理學爲諸學之先驅則務講究擴張抵于精密補今日之缺典者治斯學者所莫可辭之責也世有其人雖在萬里我將裹糧從之遊矣

人與動物分界即已實踐論理之規則而學之發見則古之希臘其嚆矢也印度

因明學。更先於希臘千餘年。但因明學乃論理學之一部。論理學之全體。實具演繹歸納兩部。而其沿革有足述焉。

希臘人以此學爲遊戲辨難。攻擊風起潮湧。初由伊武里特恒吉射士阿克太士等論理家。發明演繹法部及此部所附屬之理。發達幼穉。未成一學。迨雅里大得勒者出。補正前人之缺陷。而演繹法部之論理。遂儼成眞正學術。後二千三百餘年。治斯學者。不能出其範圍。其所建樹。所謂空前絕後。絕無而僅有者矣。垂諸後昆。與天無極。賽紀念之碑。爭日月之烈。烏乎偉哉。氏滅二千年。英國哲學祖培根倡歸納法部之論理學。痛擊演繹法部。天下靡然從風。然二者各有所長。兩部豈容偏廢。近代哲學穆勒氏。謂演繹歸納。吾人皆當研究。如車之兩輪。鳥之雙翼。遂以斯旨組織全體論理學。以餉文明之世界。殆所謂集大成者也。

演繹法部之論理學。以適用爲界。而去其矛盾。雖有舉一反三之方法。而總不得越界。故其取徑也狹。歸納法部。則以由分而合。由已知界而推未知界爲目的。或即已知界法則尋其證據而辨其是否其取徑甚廣（大東合邦新義演繹法者立一元以解萬事歸納法者總合萬有而求一貫之理對面著手廣狹之異也語甚明白但此書歸納部多一層耳閱者參之）

此學東來之後講者視爲一種理論之學而絕不求其術之存在夫學也者增大其識議所以接待事物而處之咸宜者也術則論處分之法然亦有不同者如天文家之理論爲學而用于航海則爲術論理學由是世人不察于此學甚多缺戾予所以深用浩歎而不能已於言也

第二章　論理學之必要

演繹法因于歸納法而效更著合萬有而求一貫者歸納法也然物之繁變不可測推一貫法有時而窮凡重力皆趨于地心而雲烟蒸氣輕氣球却高騰空際出于定例則非演繹法不爲功

演繹法之適用法律占其多數法律者異乎諸習貫法之在乎自然界也諸習貫法之在乎自然界也以考察自然界事物而使毋隱設有與事理齟齬則法可破故其法皆受制于事物人得任意取舍之法律期在必行既經才定則片言隻辭不受他動之力臣民所以死遵守之者以其含有強制力之質點也

法律之初組織既如此而從事者未通論理之學則其利害之關係終不出一人一黨之範圍雖貴如綸綍亦偏而不公夫治言語科者必考究名稱儲使用之料廣設譬喻宣難達之情而後心可怖于言表法律關係千萬人豈容一字之苟且學者于最初至今法律家之要語定義未能一一明了則欲居中運四維執中馭萬事難矣講法律而不濫觴論理學日本法律所以多大謬也明于論理者于法律之精神及其矛盾泛濫之處靡不洞徹卽至十人同論一事有十見解彼且能得所折衷倘亦今日文明世界所不可缺者乎

客歲所箸歸內論理經世危言茲錄一節

近之論者動曰歐米歐米雖其議論鐵壁證據澤山（多也）而予不欲聞也頑固之徒以守舊爲得計誠宜以取法歐米鼓其更新之機取人之長補己所短亦已足矣又何必如陳相之於許行盡棄其學而學焉沽新黨之名而實無補於事實也

近來國粹論者一派以守古爲善而痛擊崇拜西人者然此派戰勝則文明無進步之日彼派戰勝則國民無愛國之思其宗旨雲泥遙隔其效果東西背馳而吾謂皆係株守枚舉歸納法其失均也枚舉歸納法者據其思想所及以應萬變而無所調劑孟子所謂執中無權由執一也

昔穆勒氏嘗筆誅枚舉歸納法世人不察仍蹈前轍是可怪也

演繹法部門

第三章　言語與論理之關係

吾人相互以言語文章通思想之郵禽獸能聽人命有時發其情欲於聲不過能用思想以成總稱語耳豈能如人之反覆逆轉盡言語之用哉

國家侵畧土地必步步爲營以守之言語者思想之營也此營之設所以據知識戰勝之地漢高王關中而後可進軍東下縋幽鑿險者得寸則寸得尺則尺亦斯理之正比例也五丁之開山必裕其力而始動君子之發言必考諸事而始出言語程度之進退皆視思想爲率耕一撮之土必用磁基伐一枝之木必用斧柯材料之須預備如此而況于榮辱之樞機乎

盲者不忘視喑者不忘言雖扞於天刑而不宣方寸中固具言語變化之能力也

昔有生而盲聾且喑者。能視于無形。聽于無聲。此無他。人之舉動符號有公比例。吾人以言語視聽得者。彼以思想考驗得之。程度雖邈。理不甚異。且吾人所以能得人舉動符號之公比例者。亦有簡要之道。在沈墨獨語之中。而非盡得力于普通語言者所能從事。故思想爲言語之根。而與言語有密着之關係。可斷然矣。

歸納法部。主考驗事物。演繹法部。則以適用爲界。不泛論博究。言語者適用之一大端也。考其意味與其用法。必先立一定之範圍。以界思想。從橫之路。兩直線互爲垂線。兩端內切于員。任于員之何點。作多同式之垂線。皆等之之範圍。如是如是。固離歸納法。而單用演繹法者也。

第四章　思想

人心有三。情意智而已。情意心理學之研究。而獨論其屬於智者。一曰知覺。因五官及他手段洞澈事物之纖結。二曰想像。知覺所認之事物不在目前。而現於心。

（一事物之有樣者。摸擬其形影。為單純之想像。多數事物。以意匠經營之。參伍現象。為複雜之想像。茲就單純而論。又有感覺在知覺之前者。茲亦畧之）三曰比較。不問此事物是否現在。而憑虛以生比例。凡概念斷定抽象（想其理由）概括推理。諸般心力之作用。皆入此門。譬一梅花。聞香辨色。快心皆知覺也。隔一時越一地。而梅花之況味。尤若直接。是想像也。至數梅花相較。或梅花與桃梨櫻等同類之區別。或今日觀梅而迴憶昨日觀梅之愉快。或今日觀梅而感昨日觸荆棘刺戟之痛楚。心之現象為主觀。物之現象為客觀。彼此比較。而論理學即從事于此矩矱者也。

第五章　語

比較生于心而顯于語。（或名稱）積而成命題。（或斷定）又積而成推理。（或論）皆思想成績之區別。詳述于下。

文法家之所謂語者名詞也。一事物名稱耳。

論理家則諸詞統謂之語。合諸詞成句者。亦謂之語。一命題也。主位成一語。客位成一語。或合數詞爲一語。蓋一詞數詞相依而成團合體。不計長短。概謂之語可也。

然一詞爲一語者。自用之詞也。名詞動詞形容詞而已。至于他之詞。僅能聯合主客語。而非獨立。或似獨立而不成完全主客語者。皆副用之詞也。

單稱語中地名人名等。文法家謂之固有名詞。固有名詞。表事物之性情。分限于一物概于一羣兩種。人動物植物概一羣之名稱。人有情物。動物位高于植物。植物位高于廾物。概一羣之情狀也。(此又爲總稱語)釋迦人。此物一動物。彼物一植物。人生老病死情意志。各具一性情。昔有人以墨涂盜屋。而此屋儲藏盜品。顯于一點。其建築與他屋同。而外觀異。使盡以墨涂他屋。盜屋墨痕雖在。已失區別之用。余姓淸野。知余姓而後可考余之事。而斷余爲論理家。論理家雖總稱語。然連屬淸野。便成歷史人物上之墨痕。皆限于一件也。外此有爲羣團體所搆而適用于羣團者。內閣。廟堂。帝國議會。是團體語也。

團體語與總稱語。有異不異。者一團體所搆而與他團體有同樣之點也。日本帝國議會。國會也。其他立憲國之立法府。皆國會。國會旣爲他團體公用。謂之單稱語或總稱語。均無不可。故必單屬于此團。而後可爲異于總稱單稱語也。

總稱語非單指一物與器于一用。代表斯羣。而起斯羣公德之念。言人言獸。而人獸之所以分。與其情性。躍躍於方寸。言日本。而日本爲如何國之問題。遂生於心。此於吾人思想上最爲有切實之關係者。

此外又有從屬語。抽象語。抽象語之在命題也。能占主客語之位。能獨立。形色重智忍等物之代表。是主語也。櫻花之爛熳。以嵐山爲魁。櫻花之爛熳。是客語也。從屬語且能占命題之客語。而聯絡主語。形容詞。動詞。皆入此門。然大膽者有利於戰。救助貧者。慈善人也。救助動詞。大膽形容詞。皆名詞之省畧。而用爲名詞。思想者人類之特性。思想爲形容動詞。亦用爲名詞。皆非從屬語也。大日本帝國爲萬世一系之天皇所統治。爲萬世一系之天皇所統治。從屬語也。蓋從屬語之于客位。成一圓滿語。亦有與抽象語同爲事物之代表者。但不能全離他語而獨步爲稍異耳。

以上單稱語團體語總稱語從屬語抽象語五種。唯團體從屬語異於他語。抽象語從屬語。又名純粹之性情語。有時同于總稱語。善惡德形色。可言諸善諸惡諸德諸形諸色是也。故三種語之命題。往往一致。而其源流仍不能混視。是在學者神而明之焉。

第六章　外延內包附概念

語之意味。有外延。有內包。（或譯爲代表ト含容ト又譯含蓄又爲廣深）語羅諸有外延也。一事物具多性情。內包也。化學之金屬四十八種之總名。外延也。金屬必具三性情。一原質。二易傳導熱電。三對光有反射力。化學家所謂金屬之光澤是也。他物不有。有亦不備。則金屬一語亦內包也。

又譬之。家屋外延。如門。內包如深。有門必不可無深也。

外延內包。其分量進退成反比例。譬人者動物。則外延狹。內包深。動物者人。則外延廣。內包淺。蓋人具諸動物之知。故內包深。動物多於人億兆倍。故外延廣。立一方程式明之。以天代人以地代物知。以山代人知。以水代物。命天山之較爲土。

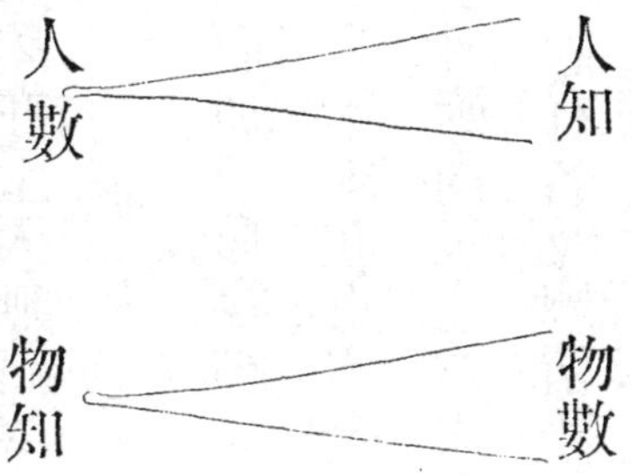

天══地

山══水

天｜山——地｜水——土

則

天——山｜土｜天｜土——山

蓋

天══人　山══人知

人數與人

知所差在土天無土故狹山兼天土故深推而廣之縮而小之四率比例可布籌解矣

一語而加一形容詞或從屬語內包外延無毫末增減如東洋之日本人原質之金屬日本本在東洋金屬本爲原質冒頭之字作衍文可也

備有外延內包之意味者總稱語也（或非總稱語而用法同總稱語者）單稱語中之固有名及總稱語加從屬語爲成形之單稱語亦然但外延極小內包極大

對總稱語而思想成蹟者曰概念（或總念）古代哲學家多異論辟金屬想其名之所以然名亡而實與概念從之矣此爲唯名論者派希臘哲學家普賴奪氏倡實物論者派言四十八種外必有一普通物而四十八種特別之性情皆爲所包舉夫既包舉四十八種特別之性情而又焉得爲普通物此說之不足據而爲人所集矢也夫何足怪概念論者派金屬雜陳于前其公共性情是概念之所對與唯名論者近似予所以樂從赫穆勒奪諸君子後揮旄弧馳逐焉

世界科學日新月盛安知將來無得于化學家四十八種之外是金屬無定數而概念之所對有定也此何說以處之也

吾人于事物有兩種之識認一無比例之法（原文直接及絕對之識認）務尋其特性而不强牽于他物一有比例之法（原文間接及相對之認識）揭要勾元而視萬有以一貫甲多憑理想乙得自考驗概念之道乙之道也以事物共性爲比較之本比較由簡而繁由紛而一用力久豁然貫通此東洋所謂注意與抽象爲同類語而特異其有消極積極命名之義者也（天元解數如積相消抽象之本意有牽引之義注意一事物必先借引于他借引已確問題解矣是貫通之現況由算題已解故曰消極注意者融會之前途由積分未化故曰積極）

吾人反覆思惟雖時異種種思惟相而源同發於腦力由事物之必有類似點也客觀之類似點當主觀之類似點符角抵拒精神吸接以無厚入有間恢恢乎遊刃有餘地矣

融會之功既深引聽明于類似之地而互異之觀念漸滅識金屬之共性特大同之起點耳今有甲乙丙三項以公度數解之得同元爲天異元爲地人物

甲＝天｜地　乙＝天｜人　丙＝天｜物

必從同元之天下手而變其式爲甲天乙天丙天＝一｜地人物則解矣三天爲總稱語而用三天者爲概念概念所對卽此唯一不二之三天故概念亦唯一不二者也

第七章　概念

概念有完全者判然與明瞭是也有不完全者不判然與不明瞭是也譬之金屬金屬爲金屬他物不此爲明瞭之概念金屬之名稱溢於金屬之外此爲不明瞭金屬具三性情之識別是判然概念其性情之異不克枚舉是不判然也

天不生仲尼萬古如長夜吾人之於暗夜一物不得知一步不能行天下至愚若

境無蹤是矣東方將白晨光熹微而山陵原野家屋動植等物乃得別其全體旭日升於地平線上光華復旦而四近物體判然明瞭然遠望陵谷鬱乎森森仰眡昊極茫乎蒼蒼使得顯光之鏡縮地之術則星辰可數莖葉可辨明固可少哉故明瞭云者判然云者所以對極不明瞭不判然而生恒河沙數之層級也

此之概念異乎他之概念爲明瞭概念錯雜而無井然之界線爲不明瞭然較其精粗則明瞭與否數歷趣而難終最高之概念一切存分別相最低反是自非聖人與不辨菽麥者皆不能達乎極點升降于中度而彼善於此則有也

明瞭判然何以別吾人識人以千計而未誤認明瞭也人人有許多特別之點一一枚舉判然也畫家雕刻師一接而別能省其象兼明瞭與判然之知識也蓋明瞭者明此與彼之區別由知覺力而顯於團體判然者判此一事物中之種切由想像力而顯於分裂之詞更進一籌乎

欲兼明瞭與判然之知識須明此事物搆成之種種部分與諸分中之細點及諸

分連絡之所以然而後明瞭判然之知識可分析複雜之事物而仍不易施之于單純之事物也譬臭辨五氣食別五味夫婦之愚可能至接特別之香味而終不能明爲何香味天下之事心能辨口不能言者甚多皆明瞭而未判然者也故不知判然者不足與論事之細節也

判然之度無定式一準于認識事物性情之多少一準于區別性之明暗三比例其性情之精粗於參互連絡之所積極也消極也固有也外來也永久也一時也特異也普通也緊要也偶然也源流也末派也皆性情之互異也欲求判然者不可不知而所當注意者三

甲當知積極之性情先求諸消極得其比較之理而後以消極解積極

乙就固有永久之性情中選拔通有特有之質點因而知事物之所以特異者

丙選拔之秩序必先緊要而後偶然緊要之性情與思想有密切之關係故也

欲判然必先有明瞭求明瞭不必兼判然譬言詐欺者不義能辨于義不義明瞭

之知識也然有不得已而用其詐欺者唱籌量沙望梅止渴名將之安士心也父母欺病兒之服藥人將自殺欺而奪其劍事機頃刻經權萬端非判然於靈臺何能適中于場合（情形）乎

世之言曰抱薪救火緣木求魚皆不判然之言也又有最大之速力云云割時間爲比例率而實不可爲定率亦不知判然故耳

烏爾夫言語當以人人能解爲通例譬言太陽是天下所通知也指事會意六書之綱出言亦何莫不然

世界之言必有一定之發揮不宜任意談吐致幽遠之理不能發達於世

是說也無稽之甚也言之所發明引用理與事而已不知其事不得其理不得其理不知其事不知二直線形與三角形之分者比比然也不能因人不通幾何學遂廢此學而不講鸚鵡能辨之語皆至淺近而無味使世界知識之程度等于鸚鵡則將捫舌于深理乎

前論日本法律編制之壞由于不究言語之道而法令正條之意與立法者思想扞格法令者維持天下于安寧而示人事之標準也此而不明瞭不判然可乎從事者視關係至大之事爲玩忽可爲發浩嘆者也

第八章　命題

演繹法部門論理學所論述分三種一語（或概念）二命題（或斷定）三推理（或論）一前論已畢茲續論第二

語者代表一事物或一團體之事物辟單言人命題者多事物或以團體對照而見其關係辟言人死有絕對之命題（一名單純命題）有假設之命題以無限之客語配絕對之主語辟人者動物也是絕對也假設制限制限之下以客語從屬主語辟王安石大姦亦偉人也是假設也

絕對之命題性質區爲二種積極者謂肯定命題消極者謂否定命題而於積極

消極中又各分爲全稱特稱命題。表事物全體就其全體之肯定否定爲命題者爲全稱。就事物之部分立爲命題者爲特稱。有物焉詢之自一至九猶爲特稱至十乃始謂全稱。

有命題可謂全稱亦可謂特稱者。指一部分而含畜全體。舉一團體而同混羣團。治斯學者不可不知也。

今就分量性質相異之命題。經緯錯綜歸爲四種。

全稱肯定命題　甲者總是乙也　a

全稱否定命題　甲者總非乙　e

特稱肯定命題　甲者乙也　i

特稱否定命題　甲者非乙　o

之之外又別爲二。分析之斷定湊合之斷定。(原文口頭命題眞正命題)主語卽客語客語卽主語。是分析之斷定也。反之是湊合之斷定也。

第九章　周到不周到

命題之主客語。代表事物之全體爲周到。僅及一部分爲不周到。總稱單稱抽象從屬之四語中。惟總稱有周到不周到之異。單稱語常限于一。無不周到。抽象語所代表唯一不二。仁人之安宅也義人之正路也。仁義者純粹之抽象語。與單稱語同。從屬語從屬于名詞。無自主之權力。故周到與否之問題。專屬于總稱語也。

一全稱肯定命題。主語之所代表。在客語之所代表中。客語之區域。大于主語。則主語周到。而客語不周到。例如日本人主黃種也。客

次特稱肯定命題。主客語均泛濫而不周到。例如日本人學者也。吾不能遍識日本人之孰爲學者孰爲非學者。

又次全稱否定命題。與上二者大異其趣。主客截然兩撅。例如西洋人皆非黃種。

可知西洋人中無黃種。黃種中亦無西洋人。此爲主客共周到也。末特稱否定命題。例如日本人非學者也。主語顯日本人之一分。不周到也。客語顯學者之全體。周到也。凡此四端。樞機之要。學者所當銘肝書紳者也。茲又立表於下。

命題			主語	客
全稱	肯定	a	周到	不周到
	否定	e	周到	周到
特稱	肯定	i	不周到	不周到
	否定	o	不周到	周到

第十章　五屬件

五屬件種類要差分派性偶性。是皆客語之稱而區別夫對主語之關係也

種與類相對之詞也。代表大事物而對所綱羅之小事物者稱爲類。代表小事物

而對爲所綱羅之大事物者稱爲種譬動物與人動物類而人種等而上之種類遞變達于至大者最高類也等而下之種類遞變流于至小者最低種也

與種類有要密之關係者曰要差要差者數種同在一類而各之特別性也種類之要差或一或多皆有內包而無外延外延內包度之申縮相因爲反比例故也

分派性偶性皆偶然之性情而非緊要之性情亞司德爾謂分派性僅行于一種類全體行于數種類者非也近世論理家無此區別但行于種類全體者概名分派性

分派性自要質出厥法有二一以要質爲原因分派性爲結果水之厭力四面平均分派性也而實流動體之結果（流動體凝力甚微其諸分子自由自在故無輕重之差）一以要質爲定率而成比例比例之四率分派性也三角形三角并與二直角等分派性也而可以直線形之定率求之由員面之可以徑一周三一

四。一。五。九。求。也。

偶性二。分離不分離是已。不分離之偶性。行于事物之全種類。辟言鴉黑色。非行于事物之全種類。或非同時行于事物之全種類。言人之膚色或黃或白。則遺漏多。言人不免生產。則老少異。是分離之偶性也。

此外有異名同義及指定名二種。客語盡於是矣。

第十一章　釋義

分析之斷定。主客語同。以客語釋主語。即釋義也。

單稱語之記事。如李鴻章起於匹夫而握國權。敏於外交。爲中國之能臣。以客語釋主語。使人知李鴻章之人物性情。亦可附於釋義。但非本眞之釋義耳。

釋義之在中國。訓詁轉注之學也。吾人知甲深於乙。乙以甲示則渙然矣。吾人之知事物不判然。求諸釋義。則判然矣。釋義之益。豈尠耶。

總稱語（抽象語備總稱語資格者同）所包之種類或所占之區域。提綱挈領。豪無餘蘊。是釋義之用也。辟言物質。物質必有惰性。（向重心之力）惰性因抵抗運動之力而成。則抗抵運動。足以賅物質之全。而固形體液體气體。或可爲物質矣。或者以氣體或無色觸。二體與骨髓。遂爲無抵抗運動之力。而欲驅於物質之外。不知氣體抵抗運動之力微乎其微耳。不得謂無也。彼精氣塡空際傳光熱。有惰性而不完全之物質。或可別之物質之外。而豈所論於諸氣體乎。

有兩岐之釋義。飴膏醬之類。爲固形體耶液體耶。不得而定。則固形體之終於何所。液體之始於何所。又烏從而知之。

四時遞嬗。晝夜交代。確指何時何刻何杪何分爲界。不能也。代學家之區元素曰。金屬非金屬。至於信則窮矣。動物之機關分隨意不隨意（隨意陽竅也目欲視則視是不如意陰竅也馬牛其風莫之爲而爲莫之致而致）推其極端。甚不分析。孔子曰。逝者如斯夫。不舍晝夜。混茫之理。皆可作如是觀也。

有假說之釋義今日所釋之事物經數十百年不免謬異往者已矣來日方長時勢不同變遷聽諸他日耳

今將釋義之例列下

一完全無餘蘊之釋義(學校者敎育之地也)

二假設之釋義不免變遷(金屬能傳熱與電而對光有反射力也)

三雖非充全無餘蘊之釋義而足以區別類似之事物(人有道理心之動物也)

四語意有所未盡而當發言之頃但求解剖明確而已(人有道理心者也)

五以記事法區別(人者直立步行之動物也)

六雖不過記事能達其目的(麟之爲麟昭昭也永於詩書於春秋萃出於傳記百家之書雖婦人小子皆知其爲詳也)

神明亦知道理鳳皇亦爲祥符四六兩項釋義其缺典不可窮詰諸論理家所以稱爲記事而排斥於本眞定義之外也今再舉四事與前一二三項相發明

一釋義與所釋之言可互換質言之卽釋義吻合所釋之言不得移於他語

二總稱語（抽象語備總稱語資格者同）要差卽釋義

三要差必有內包不然不足分析總稱語

四內包要有界限若甲之言含混乎乙乙之言含混乎甲則一釋義中衍辭必多

第十二章　分釋

釋義者剖一事物之內包使之判然分釋者分一事物之外延各從其類世之所謂分釋分一事物之全體爲多分形而下之分釋法也地球分五洲人體分筋肉骨血神脉等茲之分釋合衆事物爲一體而分之形而上之分釋法也人類分蒙古鵯利亞安種動物學家於脊骨動物分乳哺類禽類爬匐類魚類色聲香味綜集而成諸物卽以色聲香味爲綱而分之哲學家所謂湊合與分析而於論理學占肝要（要）之地者也

分類爲種必有一定之標準謂之分釋元理辟三角形或以邊爲準則分皆等邊兩等邊不等邊以角度爲準則分直銳鈍角國體以主權爲準則甲主權在君爲君主國體乙主權在貴紳執政數人爲貴族丙主權在民々意卽國家爲民主

分釋原理不一故有縱橫分釋之法合數原理錯綜分之此部事物復入彼部無井然之界三角形則分等邊直銳鈍角人類則分中日歐亞文野治論理學者幸勿驅而內是大謬之阱也

分釋與釋義有密切之關係國體何以有君主貴族民主則因政權異之釋義生人類有道理之動物釋義也由是知動物可分爲有道理無道理二綱是分釋也然則分釋待釋義而後有釋義待分釋而後明分釋之內實含釋義釋義之用隱寓分釋分釋釋義不可須臾離也

以上所述分釋法提厥要領於下

一能分之語各爲總稱語（抽象語同）

二所分語爲各能分語之從屬

三分釋之法要周到無餘蘊可以還原令全與諸分之幷等

四各能分語外延不相入設既屬於此復屬於彼有不蹈從橫分釋之轍乎

兩分法者所以濟不確實分設之窮也今世界人種分蒙古鴉利亞安亞弗利加（卽黑種）馬來印度五種。其分釋果能周到無餘蘊乎。不得而確知也。兩分法立有無（或是非）反對之二元。解所分爲二部。復就消極一邊（或積極）如前所立二元層累迭進。至於所欲分之目的止。卽以世界人種之分釋作圖解之。

- 人類
  - 蒙古
  - 非蒙古人
    - 鴉利亞安
    - 非鴉利亞安
      - 黑人
      - 非黑人
        - 馬來
        - 非馬來人
          - 印度
          - 非印度

又以三角形明之

（甲）三角形
- 等邊
- 兩等邊
- 不等邊

（乙）三角形
- 皆等邊
- 非皆等邊
  - 兩等邊
  - 不等邊

前所論之最高類最低種。居其間者爲差等種差等類。如上圖非鴉利亞安。下視黑人非黑人。爲差等類。上視蒙古爲差等種。又同在一類下者。爲同格種。鴉利亞安非鴉利亞安同居非蒙古下是也。

又有細分之法。亦遞分釋。但元理迭變。莫衷一是。吾人者東洋人也。分之爲支那日本朝鮮暹羅及其他。而支那又分爲南北省。府州縣。由此例推。

第十三章　思想三大法則

思想之三大法則。總稱爲心然之眞理。或貫通之元理。

一同一之法則平等之主義也。甲者甲也甲者非甲之乎類。肯定否定等也。地球者五州萬國所共而衆生萬物所立也。主客語等也。一切人動物也吾動物也全稱特稱等也。動物者有機體也。外延內包之大小深淺等也。

同一法兼有三法則之用。而推理運用占人心最高之位。世之論理家。徒有空論可惜也。

同一法之適用。直接推理與間接推理也。間接推理卽三段法。（直接推理詳於下章）其法有三語。一語與他二語等。而他二語自等。東京者日本最多人之都會。而日本之首府也。日本人蒙古人種。豐太閤日本人故豐太閤蒙古人種也。全體部分度有廣狹。但取其同一事物而已矣。

幾何之公論曰有多度彼此俱與他等則彼與此自等此之公理哲學家號爲結局之眞理雖其從天資生自學問出之說氷炭聚訟不必深斷而決與三段法同

爲同一法之適用者也

二矛盾之法則仇敵之現象也一紙片也一部分白一部分黑一時白而他時塗抹之門戶之開也易一時而閉之手入水中左右温凉異秦氏阿房一時之內一宮之中氣候不齊矛盾法如是如是

矛盾法適用於直接推理設有三物甲乙等丙乙不等則甲丙必不等日本人蒙古人種西洋人非蒙古人種故西洋人非日本人

阿利司奪爾曰一語之出無論肯定否定在範圍中者必從屬焉論理學家奉爲格言彼其意蓋謂指日本人爲蒙古人種則豐太閤等皆蒙古人種日本人非蒙古人種則豐太閤亦非蒙古人種不過合同一矛盾兩法之適用而綴成耳可少思而得也

三不容間位之法則(又名自詮性)其公例一事物於此爲有爲無是爲非必居其一

欲明是法必先辨反對與矛盾之別反對者善與惡寒與熱二語之間不偏不倚立於局外者矛盾語也陽春中和之氣非寒非熱而與寒熱之語矛盾奸淫盜殺有害於社會爲惡吾人碌碌無奇節非善而已不得爲惡而與善惡矛盾兩分法網無餘蘊實用此耳

反對與矛盾有別亦有可混者則矛盾能兼反對而反對不能兼矛盾是也寒熱相對固爲矛盾中和溫度亦然兩軍相對別闢血路淮陰王齊鼎足之勢成矣爲楚爲漢孰得而限之也

不容間之法用反對語非用矛盾語也置肯定否定兩端於此任君自擇一刀兩斷豈容味道模棱里克中立以依違兩可於其間哉

惟全稱語異於是譬日本人解英語此言在是否之間若單稱語日本某君解英語則是否立決故演繹法部之論理單稱與總稱每異其取扱(用)也

上之三法各具體裁相濟而不相離同一法屬於肯定矛盾法屬於否定不容間

法。不論直接間接之推理不問歸納演繹之法部。皆得取而斷定之。二法相依爲唇齒而以不容間法爲奇兵接濟論理家思想無所不之以此也夫

第十四章　推理

有歸納之推理（下部論之）演繹之推理。演繹之推理。從一事物中抽引他之事物。其道唯二。一直接。一間接。

言一事物先占立論之地者爲提案。（或前提）從而發揮激揚之爲斷案。（或歸結）

斷案直接提案。爲直接推理。不然。斷案提案罅隙尚多。必又立一案或加一媒介語以完全斷案之義者。爲間接推理。立圖於左。

- 推理
  - 歸內法
  - 演繹法
    - 直接推理
    - 間接推理

第十五章　直接推理三法

一轉換法轉換一命題之主語爲客語客語爲主語以立新命題也語意不異直顚倒之耳

轉換法分單純轉換制限轉換二種單純轉換者惟變主客語之位他無所動反之主客之位與命題分量皆變是制限轉限也

a i e o之四命題皆可以單純轉換法馭之惟a與o有時不同豪傑者總有大囟a轉爲有大囟者總豪傑則將置有大囟之庸人痴漢於何地乎必欲轉換宜加制限變爲i有大囟者豪傑也

二變性法轉換法爲同一法矛盾法之適用變性法爲不容間法之準據

變性法者取命題之語反覆改易之而已

o之命題須先下變性法而後可施轉換如亞細亞人非日本人也先變爲非日

本人者亞細亞人也。

右轉換變法兩法或合爲一名矛盾轉換。

三對當法二命題主客語同而分量（或性情）相對當知此命題之是非眞僞而推得彼命題之是非眞僞法分四種。a與e對當反對當。i與o對當小反對當a與i或e與o對當差等對當a與o或e與i對當矛盾對當。

表圖如左

今將其法簡言之

a 眞 e 僞。i 眞 o 僞。

a 僞 e 不定。i 不定 o 眞。

e 僞 a 不定。i 眞 o 不定。

e 眞 a 僞。i 僞 o 眞。

i 眞 a 不定。e 僞 o 不定。

i 僞 a 僞 e 眞 o 眞。

o 眞 a 僞。e 不定 i 不定。

o 僞 a 眞 e 不定 i 眞

對當法之推理。實幷思想三大法則之適用。差等對當準據同一法。a 與 i 或 e 與 o 同事物。但立於全與分之地。反對對當由矛盾法出。故 a e 氷炭不相容。小反對當亦出於矛盾法。但反對對當由眞而測僞。小反對當由僞而得眞。矛盾對當據不容間法。是非眞僞有片言折獄之風古稱爲最完全之對當法者有以夫。

矛盾對當與反對當異。反對當二命題。性質反而分量同。矛盾對當全相反。舌戰之法。敵以全稱命題來。吾以特稱命題之矛盾對當法破之。設歐州人總鴉利亞安種也。攻者曰歐洲人非鴉利亞安種。此當鋒直擣之法。若言歐州人總非鴉利亞安種。則英。獨。法。伊。何以自解。故矛盾對當與反對當。豪釐千里不可不察者也。

第十六章　三段論體之構造

提案之主客語與他語比較。由此比較連絡於斷案。而斷案之主客語。始顯於兩提案之內。使兩提案自相滅裂。則斷案之連絡無自而生。譬日本人總東洋人。東京人日本人也。故東京人東洋人也。兩現於提案而直折斷案者為中語。日本人是斷案主語。小語也。東京人是客語。大語也。東洋人是也。而中語與大語所組之提案為大提案。日本人總東洋人也。與小語所組為小提案。東京人總日本人也。以上三段法之定則。學者不可不默識之。

三段法兩提案省爲一提案。爲省略論式。

一大提案省略論式。韓氏原毀。古之君子。其責己也重以周。其待人也輕以約。重以周。故不怠。其意謂人責己重以周。不怠。君子責己重以周。故君子不怠。

二小提案省略論式。實體者總有重量。故空氣有重量。或空氣有重量。何則實體者總有重量。

此外又有斷案省畧之法。修辭學之事也。不必詳論。思而得之可也。

三段法之斷案。全賴思想三大法則而成。肯定之斷案。同一法也。否定之斷案。矛盾法也。斬釘截鐵不容間位法也。

三段法之中。語占肝要之地。不可不明辨也。有一語含二意者。名曖昧中語。最易誤會。動物無道理心。人動物也。故人無道理心。以刃傷人者有罪。瘍醫以刃傷人。故瘍醫有罪。此類斷案。不堪捧腹。毋寧氣附（留心）乎。

第十七章　三段論體之規則

一有三種語而其語限於三種
二有三命題而限於三數
三中語要周到不可曖昧
四提案不周到斷案亦不周到
五二命題均否定則斷案無由生
六一提案否定斷案亦否定而既立否定斷案之證據則必有一提案否定
七二特稱提案則無斷案
八一提案特稱則斷案亦特稱
一二節觀前自明
三節中語要周到中語不周到無可下其斷語

中語不可曖昧。此不限於中語也。凡大中小語皆然。

四節三段法因提案而有斷案。設提案斷案度量相越。則以全斷分以分斷全。殊在權限之外。此名大語或小語之越權。

五甲乙不一致。丙乙不一致。則甲丙或一致與否。無公例可定。故名兩提案否定之謬論。

六矛盾法適用。其理易明。

七所謂三特稱提案者。Ii.., Io.., Oi.., and Oo..,四種而已。Ii觸第三則。Oo觸第五則。Io斷案不否定。觸第六則。斷案否定而大語周到。觸第四則。Oi大提案主語不周到。客語周到。否定斷案大語周到。此爲犯大語越權之僞論。

八所謂一提案特稱者。Ai.., Ao.., Ei.., Eo.., Ia.., Ie.., Oe.., and Oa..,而已。Eo and Oe觸第五則。Ai設下全稱肯定斷案。則小語周到。觸第三四則。Ao設下全稱否定斷案則觸第三則。若提案不用周到之中語。則犯小語越權之失。且設下全稱否定之斷案。則觸第四則。其他可例推也。

第十八章　三段論體之樣式

三段法之形狀二。樣式二。格式。樣式者變語之分量性質。而不變其位置。今就aeio之命題錯綜爲六十四。

三段樣式表之如左。

a	a	a
e	a	a
i	a	a
o	a	a
a	e	a
e	e	a
i	e	a
o	e	a
a	i	a
e	i	a
i	i	a
o	i	a
a	o	a
e	o	a
i	o	a
o	o	a

以a命題起者十六。eio放此。順序變化。爲四命題之立方積。

六十四之樣式抵觸八規則者五十三。適用者一十一耳。今盡表出之。

抵觸第四規則者 一

五 十六

六 十六

七 十二

八 八

殘留者 十一

aaa aai aee aeo aii aoo

eae eao eio

iai

oao

總數 六十四

第十九章 三段論體之格式

大中小語與提案之關係變化而生四種之格式。

一　中大　小中　小大

二　大中　小中　小大

三　中大　中小　小大

四　大中　中小　小大

取十一樣式以四格式乘之爲四十四亦汰其抵觸規則者餘二十四。

第一格式

a e i o　i o)

a a i i　a a

a e a e　(a e

二

e e o o　o o)

a e i o　a e

e a e a　(e a

三

i i i o o o

a a i a a i

a i a e o e

四

i e i o o

a e a a i

a a i e e

（a e o）

別之於括弧者。微弱斷案也。用之甚希。可不論。而獨於減餘之十九樣式詳之。

第一格式（四樣式）

一 aaa 日本臣民總從法律所定有納稅之義務東京人總日本臣民也故東京人總從法律所定有內稅之義務

二 eae 外國人總無就公務之權利美國人者總外國人也故美國人總無就公務之權利

三 aii 日本臣民總從法律所定有內稅之義務某日本人也故某亦從法律所定有內稅之義務

四 Iio 外國人總無就公務之權利某英人外國人也故某無就公務之權利

第一格式之通則。甲大提案皆全稱命題小提案肯定命題。乙斷案之性質同大提案分量同小提案。

第一格之特性。甲全稱命題第一格外無有也。乙具四種命題之斷案爲確實三段論體者第一格而已。故阿利司奪爾於四格式中獨稱第一格爲完全也。

第二格式(四樣式)

第二格之通則。甲一提案否定。乙大提案全稱。蓋斷案否定。故兩提案不能皆肯定。而大提案特稱則犯大語越權之謬。

論理家既以第一格爲正格。他都爲變格。以正格律變格之確否。據正格範變格之樣式曰還原法。

一 Eae 取第一格第二樣式易其大提案而已

二 Aee 亦取第一格第二樣式變更其提案日本人總有就公務之權利美國人總無就公務之權利故美國人總非日本人

三 Eio 取第一格第四樣式易其大提案而已

四 Aoo 取第一格第四樣式變更其提案日本人總有就公務之權利某亞細亞人無就公務之權利故某亞細亞人非日本人也另詳於第三格第五樣式

第三格式（六樣式）

第三格之通則。甲小提案肯定。乙斷案特稱。使小提案否定。則斷案否定。而大提案犯大語越權之謬矣。使斷案全稱肯定。則小語立於小提案客位者不免越權否定。邪則兩提案共周到共否定抵觸第五規則。

一 Aai 取第一格第三樣式而易其小提案而已

二 Iai 亦取第一格第三樣式先互換其大小提案而後易小提案之主客

三 Aii 取第一格第三樣式而易其小提案而已

四 Eao 取第一格第四樣式而易其小提案而已

五 Oao 與第二格第四樣式同不用變性之法則不能還原於一格如第二格第四樣式先用變性之法後變爲第一格無就公務權利者總非日本人某亞細亞人無就公務之權利故某亞細亞人非日本人此名間接還原法是對於尋常直接還原法之稱也第三格第五樣式其小提案當易一格之大提案（第一格之大提案皆全稱）其大提案否定不能當第一格之小提案（第一格之小提案皆肯定）故必先施變性法而後可合於第一格也

六 Eio 與第一格第四樣式較性質分量同惟易小提案而已

第四格式（五樣式）

第四格所用甚希而戾吾人思想運轉之序。故晚近論理家赫買爾奪氏之類盡抵排之。比之第一格順逆相反。而還原却平易於他格也。

一 Aai 取第一格第一樣式施制限轉換之法易其斷案而又易大小提案之位

二 Eae 取第一格第二樣式更其提案而斷案施以單純轉換之法茲之還原視前式益簡易也

三 Iai 取第一格第三樣式如前還原法施之

四 Eao 大提案單純轉換小提案制限轉換乃變爲第一格第四樣式

五 Eio 大小提案皆單純轉換而尤便於前式也

三段法之適用也。原理（或一般理法適用者）立於大提案。而紹介立於小提案。故赫買爾奪氏稱大提案爲綱領。小提案爲條目。

前所述第一格爲正格。餘爲變格。而非謂適用之點。盡在於第一格也。皮印氏曰。變格用法最要者二。一提案主客語異位而論格事物之各別之所以然。二以中語外延之廣狹。異其格。大於大小語。則立提案客語之位。而成第二格。小於大小語。則立主位而成第三格。

賴皮爾奪曰。第一格者。明事物之性質。第二明事物與事物之區別。三例證成發明例外事物。四區別類中各種。

予謂第一格切用第二三壟斷形勝之地。獨宜於攻

第二十章 連體三段論

連段三段論。分尋常省畧鏈鎖三種。

尋常連體者。合多數三段論爲一體。例如

人總死聖人總人也故聖人總死然孔老佛總聖人故孔老佛總死

省畧連體者。合多數省畧論式爲一體。分二類。

一人總是生物故死。老子有道理之精神是人也。故老子亦死。二生物總死。故人亦總死。有道理之精神者總是人。老子人也。然則老子亦死。

鏈鎖連體分順逆兩種

順體鏈鎖論。倣三段法之意而合多數命題爲一體。最初命題之客語爲第二命題之主語。前斷案爲小提案。準此銜接。而斷案以最初之主語爲主語。以末提案（斷案前緊接之命題）之客語爲客語。例如

池月馬也馬獸也獸動物也動物生體也故池月生體也

由此敷衍之爲三三段論。其前論斷案爲後論小提案。

一馬獸也池月馬也故池月獸也

二獸動物也池月獸也故池月動物也

三動物生體也池月動物也故池月生體也

鏈鎖體之用。特稱與否定甚希。惟第一提案可特稱肯定。終末可全稱否定。設第二以下有特稱提案。則大提案特稱。爲第一格所不許。終末以外有否定提案。則前後論中。必有一大提案定否。據第六規則。則斷案亦否定。斷案否定。則此後所

生之小提案亦否定。小提案否定。亦第一格所不許也。

逆體鏈鎖論反是。前客語爲後主語反爲前主語爲後客語。第一主語爲斷案主語終末提案之客語從反爲終末提案之主語爲斷案主語第一客語從。前論斷案爲後論小提案反爲前論斷案爲後論大提案。第一提案可特稱終末否定反爲第一否定終末特稱。例如

生體者物質也動物者生體也獸者動物也馬者獸也池月者馬也故池月者物質也

複合命題。(一名單純命題)多數之單純命題所組成。單純命題互相待而分眞僞。因生接續體分離體兩宗。接續體者甲一方之眞。必待一乙他一方之眞而始成立。兩眞有互及之影響也。分離體者。以此之眞。知彼之僞。以彼之僞。知此之眞。對鏡而各自成立也。(複合三段論與命題混)

第二十一章　接續體三段論

接續體三段論有二類。一兩提案共接續命題。二大提案接續命題小提案單純命題。

一之例

日本國富兵强則可以與敵國結條約與敵國結條約則國威可揚海外故日本苟國富兵强則國威可揚海外

二之例分四種。確分各半。

大提案前後節所敍述之事物。小提案得以肯否定之。而供斷案之藍本。小提案於大提案前節肯定。則斷案肯定後節。（甲）（又名搆成的接續三段論）後節否定。則斷案否定前節。（乙）（又名破壞的接續三段論）唯小提案於大提案否定前節。（丙）肯定後節。（丁）斷案無由生。欲詳理由。星羅於下。

甲確

設論理學饒具推理力斷定力則爲貴重之學料而論理學實饒具此二力。故論理學者貴重之學科也。

乙確

兩議院非有議員三分之二以上允諾不得決事今兩議院既決事故必有三分之二以上之允諾可知

丙不確

設治論理學者有清野勉之書則材料足今無清野勉書故論理學之材料不足蓋卽無清野勉書亦可取材於他也。

丁不確

秦始皇吝嗇也秦始皇與三代異不封建功臣秦始皇與三代異不封功臣故知秦始皇吝嗇蓋始皇監于樹兵。不封功臣。未必出于吝嗇之精神也。

大提案中有三語者。可從中語而化接續爲單純。

構成式

老子人老子有死老子人也故老子有死老子人死三語。老子小語。人中。死大。化為單純。

人者總死老子人也故老子亦死

破壞式

基督神子也有大神通力不有大神通力則基督非神子化為單純。

神子者有大神通力基督無大神通力故非神子

斯其公例。大提案前節之客語為主語後節之客語為客語。化第一例之接續論體為單純論體。但取原大提案前節總體為新大提案之主語後節總體為客語而已矣。

第二十二章　分離體三段論

分離體三段論。大提案接續命題。小提案單純明題。而其單純命題。即大提案肯定或否定之一節。取否定之一節則斷案肯定。是名否定之肯定式。取肯定則斷案否定。是名肯定之否定式。兩提案共肯定。斷案否定。一提案否定。斷案肯定。是分離體異於他三段法之持質也。例證於下。

一金剛石硬與非硬茲之金剛石硬也故非非硬

二四季者春夏秋冬也今日秋也故非春夏與冬

三政體有貴族君主民主之別日本君主也故非貴族與民主

四政體有貴族君主民主日本非貴族故日本者可言君主政體亦可言民主

五支那東洋之末蜀吳魏代漢祚地幷於魏故吳蜀無所得

自二以下。大提案斷案。皆多節所成。而二三五斷案。非分離命題。而否定式也。四之斷案。分離命題而肯定式也。

分離命題。主客眞僞不並立。一節之眞。則他節皆僞。而勒奪勒孟塞爾穆勒等論理家。輒謂不然。彼其言曰譬予今日或明日至橫濱。今日行明日不行。明日行今日不行。今明日皆行。是行不行可並言。一度二度無限程。而不知分離命題有專屬兩屬之別。專屬之用廣於兩屬。執兩屬以概專屬。豈非固執不通者哉。

第二十三章　重體論

重體論亦複雜三段論也。一提案接續命題。他之提案分離命題。分離命題之語。統見於接續命題之內。其提案無一定之順序。而似以接續命題居大提案爲尤當也。

重體論有四確實式

一破壞式。其大提案一前節數後節。

二搆成式。其大提案數前節一後節。

三複式破壞式。其大提案有數前節數後節。

四複式搆成式大提案同。

重體論與接續論不同。接續論之小提案不必分離命題。重體論之小提案必分離命題。此其大相畛域者也。至重體論之應用。舉例於左

一政治家自言非政治家其說不變則自欺欺人變也則矛盾變不變必居其一故彼犯詐欺矛盾之失

二希臘某語其子曰汝毋就公務何者汝從正理世人嫌汝汝違正理神明厭女其子曰不然予當就公務何者予從正理神明予愛予違正理世人予愛

第二十四章　僞論

僞論者不守論理之規則。司恰蘭派哲學所服膺之格言。一事物不知其反對則不知其本眞。僞論之殿演繹門也。之目的也之目的也

論理書之言僞論者。複雜無所定。遵阿利司奪爾氏之例。大別僞論理之僞論

論學理達恉　第二十四章　僞論　六十

事實之僞論。
論理之僞論體裁乖忤。易於發摘。
事實之僞論。病在無形。非洞澈竅府。不克矯正。
論理之僞論。又分爲純正論理之僞論及半論理之僞論。
純正論理之僞論。明抵觸三段論體之規則。
一四語之僞論（觸第一則）
二中論不周到（第三則）
三大小語越權（第四）
四兩提案否定（第五）
五反轉換法之規則
六反變性法之規則
七反對當法之規則

八接續及重體三段論。前節否定以破壞後節。肯定以搆成前節之僞論。

半論理之僞論六。今言其妄者四。

一多義之僞論。一語而含多義。四語僞論之一種。稍潛伏耳。十八章所謂中語曖昧。實犯此病。譬法禁害人。患疫傳染亦害人。將置何法。然則害人之說之必有界也。

二文義不明之僞論。與多義異。索解不得。而非兩歧之說也。

三團合之僞論。多義之一種也。言事物之分。而可移誤解於其全。辟言三角形一切角度小於二直角。三角形三角幷等於二直角。設解爲三角幷小於二直角。是團合之僞論也。

四分割之僞論。團合之反對也。言事物之全。而可移誤解於其分。辟言三角形一切角度等於二直角。設解爲每角等於二直角。是分割之僞論也。

事實之僞論八

一特別境遇之譌論。言尋常日用之事物。而用特別之語。設宋襄公尋常人也。而加以特別之稱呼曰宋襄公之仁義。

二反對特別境遇之僞論。特別之事物。而視爲尋常。羸者投參茸不事事。常人如此。適以求死。

伊大利小說家旁客西氏一奇談。足證特別境遇之僞論。昔有人烹鶴。僕竊食其一足主人問以唯一足。對主人怒其欺而責之。尋有鶴來集。止露一足。僕指謂主人曰。向者豈欺夫子哉。主人益怒。大聲呵叱。鶴驚而翔。雙足畢露。僕曰食鶴之時。未嘗大聲。無怪鶴足之不露也。

三筋違之僞論。（一名不知辨難之僞論）不知敵情妄肆辨難席前抵掌酒後罵坐慷慨淋漓之演說長江大河之文章快筆舌泣鬼神陳之過激動越範圍此尙氣之通病而人情之所不能禁者也。

四問題不問之僞論。（天）斷案卽提案。提案卽斷案。狀如連環。首尾銜接。故又名循環論。

甲斷案提案之重文。

乙斷案與提案文異而意同。兩者皆折觸第三則。

丙提案語不明以占斷案地位。

丁提案一層不明。而斷案無由生。兩者皆虛僞之提案。

難者曰提案以供斷案之犧牲。斷案不出提案之範圍。確實之三段論也。然三段論合兩提案而生斷案。僞論之斷案。與一提案反覆。是斷案不出提案之外之所以之有所不同也。

（地）問題不問之稱呼。不事詳說。盛氣而來。以一語了之。

五多問之僞論。合數問爲一問是也。譬問足下讀書否。不知於過去。未來。現在。何所屬也。

六僞因之僞論。無稽不經。中國五行家之屬。

今錄古僞論數則。

一希臘勇士阿克司與龜賽力步速力十倍於龜。然使龜先行千尺。阿追之及千尺龜已過百尺。再及百尺。龜又過十尺。則終不能追及。

二客勒炭暗披眉尼特司云。客勒炭人皆虛言。然則渠亦虛言也。

三僧正蚌克勒曰。昨思事物與今日有同不同。而皆永住於心。不然則必今日之思想與昨異而後可。然其所謂永住者住於何所。有可鑿指否耶。

四痛者服藥而瘉。而歸功於運命。

五動體之運動。於體之所在處抑所不在耶。若於所不在處。不免背理。若於所在。而體確在何處運動。又何可言。

歸納法部門

第二十五章　歸納法推理性質

歸納法推理要點有三。一推理之成蹟者眞正命題。二此眞正命題之全稱。三命題所據之事實。

一命題有口頭命題眞正命題之別。已詳於前。

二全稱命題不分既知未知之界者也。譬秋風落葉云云。設必細考風之强達若干度。葉之落過若干時。不免瑣屑。歸納法者知其大體。能藉以進步而已矣。且論理學之所以可貴者。以能由過去而例未來。不然。歷史之陳蹟。寸寸而斠之。不過博極羣書。一腐儒耳。於世事庸有濟乎。

行星無光借日爲光故說文日生爲星此亦全稱命題也設欲附驥疇人畫周天

之度計運行之軌則同於秋風落葉之類而在論理學中强名為十全歸內法者也

三演律法推理理中之所綱羅精粗畢到為歸納法驅除而使得所憑藉則演繹歸內之所以為輔車唇齒相依而不可離者益見

第二十六章　枚舉歸納法

培根氏前舉世不知歸納法迨氏倡之穆勒氏和之賢哲輩出此學進率幾於絕影而馳雖無老成人尚有典型而今之學者謬妄由昔社會政治之重大而任意設施慧孛流蝕之尋常而驚為災異揆之論理學率多戾舛築室而不丹艧析薪而不負荷其何以對諸賢於地下乎

第二十七章　學理之歸納法

學理之歸納法之根本者因果之原理也。日月所照。霜露所濕。有原因必有結果。有結果必有原因。但其連絡恒成參差。異同錯綜。而生變化。故事物之發見。不能無所變動。於先同爲一事。今日不能與明日吻合無間。此兩否定者。實原理之所附着者也。

由既知推未知。亦有窒碍者。設此千萬樹之櫻。皆吉野種。而必不能以此概天下。故因果相求之法。六。而先就因果相關之質點。明其概焉。

一因同果同。永無差支。（差也）

二數因成一果。電氣摩擦。衝突。化學之變化。四者並行而生熱。

三異因同果。故能知因而窮果。

四同因異果。故能執果而溯因。

五一因一果之間介入旁支之因果。尫羸之疾。本有死道。又卒中風。遂速其死。

六一因數果。物體之運動。光熱磁石之動。化學變化之動。同時並觀。稱之爲一原因之幷發結果。

第二十八章　分析淘汰

一結果也原因甚多以論理之識規之與此果無密結之關係者概淘汰之爲非原因可也

淘汰之法當先於其因果一一分析之化學家之於複體必攷其抱合何原質推理之術由是也混沌錯雜一羣團立分界而判豪茫而後拔差計要可實行淘汰法矣此事甚非易易也

第二十九章　觀察試驗

觀察者袖手而觀自然之變化不得干涉潮之來往氣之寒温星之運行其有無主宰不能知而皆莫可如何者也

試驗異是其事物可以施人力并學家鎔解數物而察其分合之體生學家移接植物飼畜動物而知其變狀二者不可偏廢茲左二例角優劣焉

空氣養生爲何原質徒觀察者不知也則必以試驗之力離其原質置動物於中而後悉空氣實養淡二氣之化合也

雷電流行開闢已然近百年始以電氣機試驗得大作用視古代之徒事觀察者遙隔霄壤明之二例兩者相較之比例可以泮矣

第三十章　歸納法

二十八章所謂六種之法前五種歸內法後一種演繹法

歸內法之一一致法也虹水氣也水映日而發輝故光彩陸離瀑布噴井明珠硝球侵晨垂露垂風怒濤一被陽精動見是態入吾人之目有向背斜正之分千奇百怪而總由光線屈折與反射所致

一致法之定規曰一事物之性情有與他事物同者此卽相同數事物之原因或結果甲者異果同因乙者異因同果而均範圍於一致法者也。因果之一同一異者甚多。必辨其性質之異否是一致法中之淘汰法也。枚舉歸納法不論實例之異同。但比例乎外觀不足與語於斯也。哀而司氏降露之理論。物面體之温度低於空氣卽成露。明鏡白劍之上呼氣成泡。以瓶盛水置於烈日汗涔涔下。皆一致之理也。

二差異法

差異法與一致法相反。一致法於諸事物求其同。故取例不嫌其多。差異法於諸事物求其獨。故必有特別唯一之性質。一紙片投諸火則成灰與未成灰時有異。一動物擊斃與毒死有異。求異於同其定法也。

其軌範曰一事物由異點而求其所以異異之兩端卽所以異之因果譬如所執

之物一撒手卽墜地執與墜異點之現象指力其所以異然則因執而有指力執爲指力之因因無指力而物墜墜爲指力之果今以連比例明之其所以異爲中率命爲甲執爲乙墜爲丙

$$乙:甲::甲:丙$$

$$\frac{甲乂甲}{乙}=丙$$

二三率乘。等於首末相乘。故用去母之法。變其式爲。

$$甲乂甲=乙丙$$

則

$$甲^2=乙丙$$

又變爲

$$甲=\sqrt{乙丙}$$

可以悟因果遞變之理矣

光綫之理。行於世者兩說。那奪氏分子說。光體四散。因實質分子成。赫克司氏波動說。一稀薄之彈性物質。充塞兩間。振動而成光。請明以硝子二。硝子從中央凸處配合。粲爛明麗。逼虛空界。光理如甲。光暗得半。不宜澈亮。反之如乙。兩硝密合彈性。不能入。附處宜暗。兩說。冰炭。必有二分。温度居中。爲界。而爲差異法所憑藉者也。

伊國南蒲司府傍一穴。人入無恙。貓犬則死。是必多含炭養空氣。重沈。貓犬體卑弱而窒息。是差異法之適用。故引爲例證焉

三合幷法

一致法主觀察。差異法主試驗。兩法兼體者。合幷法也。

其法於多數事物。先分爲積極消極兩部。各推得其公共性質。而後就兩公共性質中。推得其公共性質

譬露之降。春夏異。多少異。殆難紀極。約之於積極之公性。冷度至高。消極熱度至

低合之爲破熱速而傳熱徐是也

其軌範曰既推得末之公共性質而此性質爲此事物之原因結果（或原因不可缺之部分）作公度數式解之

4甲^{2}乙天及6甲乙^{2}天^{3}求其公度數則先推得4甲^{2}乙天爲2甲×2甲×乙×天及6甲乙^{2}天^{3}爲2甲×3乙×乙×天×天×天兩數公共者有2甲×乙×天故公度數爲2甲乙天

四殘餘法

殘餘法之軌範曰一現象後件爲先件之結果而同其種類則先後件之末所未知者皆爲殘餘

自皮塞爾氏初倡殘餘法不可輕視之說而理學遂大進步蓋天然界中事物紛糅去所已知而求所未知亦簡便之道也

五共變法

獨樂旋轉於大氣中數分時止抽其空氣至三十分不止此因於空氣彈丸轉於地面數步止置之平滑之石則倍蓰置之冰上則又倍蓰此因於物質之摩擦各知其所以然者是共變法之力也

其軌範曰二現象一因一果甲變而乙隨之月之吸潮每日遲四分小時之三月因潮果可得而斷言也

多數之物共一性情性情異其量物體變其象是亦共變法之一種也固形體加之以熱一變爲液體再變爲汽體熱度漸低則漸復其原循環一度尋級累累而扼吭拊肯一歸於熱而已晝夜溫度之差近水之地微水氣晝收熱而夜放熱月之溫度升降最大失賴土火風焰而夜冷砭骨濠州一日溫度之差例四十度至五十此皆無水之故然則溫度之差一準於空氣之燥濕而已

第三十一章　演繹法

數因數果。因果分界。井然者。歸內法也。數因一果。因果雜糅。不易尋摘者。演繹法也。

穆勒氏歸內法部門之大功臣。實倡演繹法以補不逮。法分正反二種。專用於錯綜之結果。錯綜之結果者。多因各自成果。互相融解。最後總合爲一果之謂也。多因者有湊合之原因。有反對之原因。湊合者。星月之行於軌道。由本力與日地吸力相合而成。反對者有等不等。甲人人有自利之心而結通工兩利之果。乙凡重力背趨地心。而輕氣球獨上騰者。空氣之浮力戰勝地心之吸力故也。然錯綜之結果之總合。果合於理而不北不漏於多數之因。此難解之問題。而檢定之法。所以據論理之要點也。

檢定之法。細心無忽而已。一切物體。溫度減則容減。增則容增。獨水反是。此與輕氣球皆迴出例外。非檢定其烏從而知之。

得蚌尼苦司天體說。博士赫奪謂海中巖石由熱結成。此其初出。舉世排之。卒經試驗而後行。檢定之功。其可忽乎哉。

論理學達指終

光緒二十八年十一月印刷
光緒二十八年十一月發行

定價大洋四角

著者　日本清野勉
譯者　瑞安林祖同
印刷所　文明書局
發行所　文明書局
發行所　會文堂

日本元良勇次郎著

中等教育倫理學

上海廣智書局印行

欽命二品頂戴江南分巡蘇松太兵備道袁　爲
給示諭禁事本年二月十二日接
英總領事霍　來函以香港人馮鏡如在上海開設廣智書局繙譯西書刊印出售請出示禁止翻
刻印售並行縣廨一體示禁附具切結聲明局中刊刻各書均係自譯之本等情函致到道除分行
縣委隨時查禁外合亟出示諭禁　爲此示仰書賈人等一體遵照毋得任意翻印漁利倘有前項
情弊定行提究不貸其各凜遵毋違切切特示
光緒二十八年　三月　初二　日示

欽加三品銜賞戴花翎在任候選道特授江蘇上海縣正堂汪　爲
出示諭禁事奉
道憲　札接
英總領事霍　來函以香港人馮鏡如在上海開設廣智書局繙譯新書刊印出售請給示禁止翻
刻印售並行縣廨一體示禁等由到道札縣示禁等因到縣奉此合行出示諭禁　爲此示仰書業
人等知悉嗣後不准將廣智書局刋繹各種新書翻刻出售如敢故違定干查究其各凜遵切切特
示
光緒二十八年　三月　十七　日示

中等教育倫理學序

西洋普通學校。必有宗教一科。而東洋教育家欲代之以倫理。善哉。我國倫理之說。萌芽於契之五教。自周以來。儒者尤盡力發揮之。顧大率詳於個人與個人交涉之私德。而國家倫理闕焉。法家之言。則又偏重國家主義。而蔑視個人之權利。且其說均錯見於著述語錄之間。而雜厠以哲理政治之論。無條理。無統系。足以供專門家參考。而甚不適於教科之用。西洋倫理學。則自倍根以後。日月進步。及今。已嶄然獨立而爲一科學。學說競優。各有流別。苛難銳討。不見極不止。其大宗派有二。曰直覺說。求端於良知良能。而要歸於正誼不謀利明過不計功者也。曰經驗說。求端於見賾觀通見動象儀。而要歸於以美利利天下者也。在理論界。更勝迭負。尚無以別黑白而定於一。用之於教育。則直覺說便於提醒責備。而恐無以引名教樂地之興味。經驗說便於誘導指示。而恐無以障放利自營之趨勢。兩者皆不免有所短。迹之於實踐。則甲之所善。乙亦大抵善之。乙之所惡。甲亦大抵惡之。兩者又實有相裨相接之勢。夫專門之學。必求之原理。而普通之學。則注重於實踐。是故普通教科。莫善於善采兩者而調和之。日本元良勇次郎氏之倫理講話。則深符此旨者也。是書隱以經驗派之功利主義爲幹。而時時以直覺派之言消息之。不惟此也。社會主義與個人主義。國家主義與世界主義。東洋思想與西洋思想。凡其說至易衝突者。皆務有以調和之。而又時時引我國儒家之言以相證。又以父子祖孫之關係易宗教家之前身來世。尤合於我國祖先教之旨。故是書之適用於我教育界。並時殆無可抗顏行者。順德麥公立氏取而譯述之。又舉元良氏附緣彼國之言。悉易之以國粹。惟國家倫理篇。以我國憲法未立。有無可憑藉者。則仍援彼國法制。以示王者取法之義。苦心孤詣。毫髮無憾。吾願我國言教育者亟取而應用之。無徒以四書五經種種參考書。擾我學子之思想也。光緒二十八年九月山陰蔡元培叙

中等教育倫理學目錄

葉

前編

中等教育倫理學目錄　二

後編

中等教育倫理學目錄　四

中等教育倫理學目錄終

中等教育倫理學前編

日本 元良勇次郎 著

順德 麥鼎華公立 譯

第一章 緒論 倫理學釋義及其範圍

倫理學者。究人倫之理。以求其所以實行之方法者也。試以物理學與倫理學相爲比較。觀其所差別。即足以知其眞義。夫物理學。分論理與應用兩種。論理者不求應用與否。祇以研究學理。發明天則爲目的。應用者。以推虛理而施之實事。且因此而發明未知之法爲主。至倫理學之可分論理與應用兩科與否。異論雖多。然吾固主張論理倫理學不能特分一科者也。何則。倫理學之性質。實貴實踐。即論理時間或鈎深索隱。然其目的。固非爲發明學理。在躬行實踐。以助社會之發達。是倫理學爲實踐科學。與物理學等之所以異者此也。

考其範圍。非如力學化學生物學等。劃一定之範圍。實涉於人類畢生。及百般之行爲。其界限甚爲渺漠。於是一派之論者。覩其渺漠。欲劃界限。謂忠孝信義慈善等。凡直接關於心之善惡者。名之倫理行爲。以爲倫理學之範圍。至如才智技能等。用之可善可惡者。歸之倫理範圍之外。蓋謂吾人之行爲。非如運用機械之單簡。必由心意發動之動念。而後始生。復因此行爲。乃生結果。凡一切事業。必深明二者之關係。而後可定其善惡者也。此論以動念爲主。以一切行爲於動念有直接之關係與否。定倫理之範圍。是卽所謂狹義之範圍也。

或之論者。不問動念之如何。於行爲所生結果之善惡。而定倫理上之善惡。是擴倫理之範圍。使吾人之行爲。無一不入此範圍者也。一則以動念之善惡爲主。一則以結果之善惡爲主。而倫理學之範圍。亦因之而異矣。

合觀兩派。就兒童發達而論。其行爲之影響。及於外界者少。且心志之趨向。卽爲構造品性之基。則於倫理上以動念爲主。方爲適當。至政治商工業等之社會視其動機之善惡。不如觀其所及外界結果之如何。而判斷其行爲。要而論之。自德性上而觀。則可由動念之如何而決其善惡。自社會發達上而觀。則可由行爲之結果而決其善惡。此兩派中所以互有長短也。

然吾人人類非祇集合於一社會中而爲生活。必有與社會互相聯係者。是吾人之思想行爲無一不關係於社會。且於直接或間接助其發達。或爲妨礙。何則。社會本爲一有生機體。一如生命生存其中之個人。決非獨立而得全其生活者也。是論理學者。實包含吾人一舉一動及一切之事。若徒爭學派學說之如何。是皆枝葉之論耳。

自倫理上而細分之。則一曰修身。一曰處世。修身云者。所以涵養其德性。高尚其品格者也。處世云者。本社會發達之天則。以吾身爲之先導也。然欲達此目的。必立一主義爲之標準。使合此則爲正。是爲道義上之所謂善。背此則爲邪。是爲道義上之所謂惡。然後可。然世人之判別善惡。往往執已往之經驗。所謂格言習慣等。以常識爲主義。不知社會日赴繁雜。進步頗速。徒泥往昔之識見。其不適於今日之社會。固甚明矣。故必比較各派倫理之學說。研究其利害。求與今日之思想。得以並立之最良主義。爲第一要義。主義既定。非徒以發明眞理爲足。卽由此而管轄吾人之思想行爲者也。由此言之。則倫理學者。非論理之學。乃實踐之學也。

考案

一物理學與倫理學之關係如何。

二所謂權謀術數與倫理之關係如何。

三請述實踐科學之意義。

四倫理學之範圍所以生差別如何。

五常識與主義之關係如何。

第二章　自已之觀念　一

仰觀於天。日月星辰。如此其炫爛也。俯瞰於地。山川草木。如此其繁賾也。生於其間者。徒炫外觀。日研究天然之現象。遂忘自己之爲何物。徵之古史莫不皆然。及人智漸進。識見稍廣。始問自己。究屬何物。遲之又久。遂發明己亦爲天然中之一物。且與天然之現象。有吸力有拒力。有須臾不可離之勢。且知從因果之理。被制於死生之法。夫智慧既開。不可壓抑。既知身爲己身。然吾身之動作行爲。必有指揮之使令之者。復研究身中之心。由心之現象。而爲夢境。或爲忘想。精神之運用。種種不可思議。是物質界所不能有之奇觀。於是恍然大悟。知吾人之精神。實存於物質界之外。而別開一世界者。遂名此世界。謂之靈界。故人者自靈魂與肉體。相合而成。其與他種物體。及下等動物。所以異其性者此也。

至宗教家之言。更有進者。謂精神者存於物質之外。肉體之生死。無關於靈魂之存亡。未生之前。先有靈魂。肉體雖死。火盡而薪傳云云。斯言之眞否。姑措勿論。然先己之生。則有先祖。後己之死。則有子孫。且功業勳名。與社會相爲繼續。固長垂不朽者。此則世人所共知也。

然欲考己爲何物之範圍。頗涉廣漠。非一二言所能窮盡。今將大體上之區別。而紀其大要。卽一爲自己身體之狀態。二爲自己思想之狀態。三爲自己與社會之關係。四爲自己與天然之關係。

第一自己身體之狀態。吾人之身體。與禽獸草木。皆從生物之生育法而生長。則必被制於生存之天則。故一切生物。適於生存者。則爲善良。不適者反是。執此標準而定身體之良與不良。則必有待天獨厚。或天賦稍薄者。是吾人之運命。實與禽獸草木。於賦形之後一定而不易者也。

是故身體強固者。爲享天然之幸福。虛弱者陷不幸之境遇。此自然之數也。將欲向天而訴其不平。天不任受其咎。惟吾人肉體之外。更有精神。異於禽獸草木。能知天然之法。且能求所以避禍害而增幸福。故由才智之作用。得補天稟之虛弱。然有時被制於情慾。却損天稟之美質。由此觀之。於天稟之幸不幸。雖無可如何。然吾人有可以養善良之精神。補身體之不足。殊有恃而無恐。於是對己身之義務。亦即從此而生矣。

義務云者。自甲對乙之關係而生。既有義務。則乙對甲。不可不有相當之權利。此法律上釋義務之語也。今云對己而有義務。是於己一身之中。而區別義務權利。斯言雖似奇誕。然細爲分析。實非謬論。夫吾人之身體。有生之日。則必有死之期。固無可逃之數也。今即此時期。細爲區別。或以年。或以月。或以日爲計。其一生涯之單位。譬人之生涯。凡六十年。則分爲二萬一千九百十五期。以一期而視爲一人。即生如左之結果。

夫人之性情。非獨時之變遷已也。今日之利害。往往異於明日之利害。縱一時之情慾。即爲後日生禍之原因。譬人生六十年。恰若二萬餘各異利害之人。互相繼續。前後而列居。若其中之一人。縱慾過度。有害身體。則列其後者。則必身受其縱慾所生之禍。或一人去私遏慾。清明在躬。則列其後者。則必身受其遏慾所生之幸福。此即列於前者。對列於後者所以生義務也。

且人之快樂病苦。不能常居其一端。其苦樂必交相往來故十種娛樂。與十種痛苦。不能互相平均。全得中性者。次痛苦而生之快樂。與次快樂而生之苦痛。其性質大異。譬如朝日與夕日。兩者雖皆斜送光線。然昇者益昇。降者益降。其光自大相懸絶。故自苦移樂時。則益覺其樂。自樂移苦時。益覺其苦。是苦於前而樂於後。即爲增加快樂之道。樂於前而苦於後。智者所不取也。由此言之。則吾人之生涯。不可不於前半期不惜勞苦。鍛鍊精神。以爲後半期之準備矣。

且人之利害。非獨及於己之一身已也。上自先祖。下至子孫。無不受其影響。故先求所以無汚辱先人。後復求子孫之榮譽者。人情之常也。於人智尙屬幼稚時代。此種思想。最爲發達。故以子孫之繁榮。爲人類最重大之幸福。然則人之一身。上對先祖。下對子孫。皆有義務。其不能一人孤立。斯可知矣。

考案

一己對己之身體。所以盡義務者如何。

二所謂我者何也。

三靈魂與倫理之關係。

四請自苦樂之關係。而論人生之所當務。

五請舉對自己義務之關係。

第三章　自己之觀念　二

第二自己精神之狀態。吾人人類之所以異於他種動物者。在精神之發達。夫精神者。爲宇宙間一種特別之現象。與各種物質之現象。雖有密邇之關係。然其運動。可獨立而不羈。自於物質界被種種之影響。故論其性質。可分內部之運動與其及於身體之影響兩事。

（甲）精神之內部運動。卽其發於中心之知覺想像判斷。及善惡之觀察。美醜之感情等是也。精神之現象。非如物質現象。被統於因果之大法。恍如海中孤島。各自孤立。然雖孤立。其知覺宇宙中各種現象。恰如鏡之反射萬象。故無所不包。而

中等教育倫理學前編　十

別爲天地。此先哲所以名人心爲小宇宙也。雖然、求之實際。吾人智識。究不能兼涉萬事。此中蓋有限制於其間。故或由實驗而生閱歷。或由學問而廣知識。其範圍或廣或狹。各有不同。蓋吾人之心力有限。而知識之分量無窮。生也有涯。而知也無涯。此特分學科。而各究專門之所由來也。

夫今日者。研究專門之時代也。各執宇宙之一部。以益擴知識之範圍。自事半而功倍。或者過慮。以爲只通一部之事理。不保無闇於全部知識之處。或偏於論理上之知識。自生滿足。則有乏實驗知識之恐。不知吾人之擴張知識。其目的有二。一則本欲知之心。以擴知識。而增加精神之活動。使滿足其欲知之心爲目的。一則應用知識。以改良社會之事業。增加幸福爲目的。然則學問之事。非徒誇博洽可知。然人之所以爲人者。與社會之搆造。國體之性質。俱有關係。又不可無普通之知識。要而論之。普通與專門。相輔而行。不可偏廢。勉强學問。以益助精神之發達。斯爲至要耳。

至情思之現象。比知識尤爲切近。夫人之快與不快。雖因精神之狀態。及身體之境遇如何而始生。然有時不問身體境遇之如何。徒抱妄想。不當憂而憂。不當喜而喜。故或焦思勞慮。徒耗心力。妨精神之活潑。或器少易盈。沾沾自足。至惰勤勞之志。故有敎育之責者。務當發明妄想之無益。使精神之苦樂。與實境相應。爲第一要義。有政治家。理財家。務改良外界之境遇。以增進人之幸福。內則宗敎家。及敎育家。排除內界之妄想。求精神之發達。以增進人之幸福。兩者相輔而行。庶乎其可也。

(乙)精神及於身體之影響。夫孩童之初生。氣息微弱。或缺數時之保護。便卽夭亡。及逐漸生長。四肢之運動。頗能自由。意思之作用。因之發達。遲之又久。可以步行。可以握物。其終精神靈現。一切物體之運動。天然力之使用。無不範圍於其中。倘放任天然之力。無論不能保全生命。即幸而免死。亦陷不幸之境遇。終至滅亡。然天生我材。必有所用。是非獨以人力能避天災爲貴。必能使用天然力。乃得增進人之幸福。此各種科學之所以可寶可貴者此也。
雖然頽喪精神之事。在幼稚時。別爲天然之災害。及其成長。則情慾懶惰等之發於內部。比天災尤甚。故去私存理。實爲至要。彼有爲之青年。雖稟善良之質。然往往被制於一時之情慾。卒誤畢生之大計者。不可勝數。故必擴充知識。以明原因結果之理。講明其志氣。高尚其嗜好。或藉宗教之眞理。以補智識之不足。或藉社會之制裁。以約吾身之放蕩。或致自己之良知。以見吾心之本來。萬語千言。要不外以活潑精神爲主。不可不愼之於始。而貽後悔也。

考案

一精神之作用如何。

二吾人於學問上擴張知識。當如何而後可。

三請述妄想之害。

四頽喪精神之事。何者爲大害。

第四章　自己之觀念　三

三自己與社會之關係。吾人之生。必生存於社會。是社會之境遇。實出於先天。即吾人對社會之義務。亦爲前定。關係密接。誠有須臾不可離之勢。今試論列其關係。以爲處世之一助。

夫社會爲一團體。互相結合。而相爲維持。然所以結合之維持之者。其中不可無物。如人種之相同。氣候之相適等。又自結合之後。所生之輿論風俗習慣文學法律等。皆所以聯結團體者也。故社會勢力之及於各人。恰如日光空氣之於動植物。凡生存於社會者。無不受其感化。感化之善者爲善。惡者爲惡。近朱者赤。近墨者黑。理固然也。

夫人亦動物中之一種。各有特別之發生力。故雖同生於一境遇之中。然視其天禀之如何。或進於强大。或終於微弱。又感化於境遇之程度。或深或淺。此同一社會之中。而生各種之人物者。職此故也。

考之古史。太古社會。其組織未完備時。萬民平等。無大差異。僅有族制存夫其間。及稍進步。有所謂英雄豪傑者出。或假武力。或託鬼神。以統一人民。遂變族制而爲國家制度。於是治人者。與被治者。貴族與平民之階級。亦因之而起。由其統一人民之手段。各不相同。而思想之發達。亦因而互異。及人智日開。始不爲社會勢力所轉移。且對有轉移社會之勢。然則個人之特性。非發生於偶然。實與歷史共爲發達。而爲社會變遷與遺傳之結果者也。

世人動謂個人人性之發達。與國家之統一。有不相兩立之勢。是一偏之論。謬誤實甚。統一云者。使多數相異之物。向一目的而相結合。以統一之者也。其社會之性質愈殊。其統一之力愈強。故古代國家。其結合或祇藉武力。或祇賴神教。故其統一。外觀雖美。然大勢一變。隨卽滅亡。然至十九世紀。文明大啓。不獨政治商工業宗教教育等之社會。各自發達。卽在各社會中之個人。其特質亦各發達。故社會之發達愈進步。而統一之範圍愈擴張。由國家之統一。有及於國際上統一之勢。是個人人性。與國家統一。非獨不相矛盾。兩者必相因而至者也。蓋古代之統一。事頗簡單。故收拾人心。亦爲容易。至近世之社會。組織複雜。雖有一二豪傑。斷不能以一人之力。獨逞威權。此開明之世。所以惡一人之專制。而用衆人之合議也。

然天下之事。有一利必有一害。社會既進複雜。理賾事繁。吾人欲表見其特質。必多費時日。乃精一藝。競爭既烈。自立頗難。動有隨社會勢力而漂泊之勢。故有敎育之責者。務使其不隨流俗。求一自立之地。方不負所託也。

由此言之。則各人之思想。爲有與當時社會之輿論相爲矛盾者。如政治之思想。宗敎之義理。倫理之主義。固難立一定之法則。以調和輿論。故或可枉己說而從輿論。或公敵輿論。力持己說。以矯頽風。此古來賢哲抗抵輿論。雖被刑戮。仍死守不變者此也。雖然、與輿論爲敵。本甚可嘉。然必須審愼思詳。而後可發。不然、妄持一說。徒任血氣。濫用表發思想之權力。不獨自誤。其貽害尤非鮮淺也。

考案

一文明之進步。與個人之關係如何。

二請說個人人性之發達。與國家統一之關係。

三欲於社會而表發自己之特質。當如何而後可。

五社會勢力之及於個人如何。

第五章　自己之觀念　四

四自己與天然之關係。宇宙間之現象雖多。大別之則不外天然與精神之兩界。古代之人。務使精神服從天然。以增加幸福。所謂天命天運天道。祈天禱天等語。皆謂此事非吾人心意所能左右。必須服從。是卽天然崇拜之起原也。然知識漸開。科學日盛。吾人關於天然之思想。大爲變更。蓋自科學者即格致家及物理學等科發明天然活動之法則。知天然者非臨機而發現。非因人之利害而始然。皆由一定之規律而活動。自風雨雷霆等之天災。至疾病凶饉之地妖。皆有避之之道。且因其法則而利用之。使天然有為吾人奴隸之勢。遂於天然中益擴張吾人之勢力。而無可限量。

人生壽命。不出百年。然人之欲望。雖一日亦欲保全其生命。故未開之世。為滿足其欲望。區別靈魂與肉體。謂肉體雖死。靈魂仍保其生命。此古來宗教之通義也。夫宗教之目的有二。一則與人以來世之希望。一則欲其安心而死。復明善惡因果之理。以補現世果報之不完。教理之是否。現時知識之程度。雖難證明。要之吾人為現世之人。希望與安心。不必求之來世。外有以報國。內有以修身。即為安心之道。且行為之結果。或美或惡。即為果報。更不必求之靈界。待之將來也。

又天然之氣候山川等。其感化人心。於不識不知之間。勢力頗大。氣候溫和之地。其性溫馴。山川峻峭之區。其性鄙野。雖未必盡人皆然。然就大概而論。或觀數十年之統計。雖不中不遠。故感化之勢力。如是其可畏。不得不以教育而補其所短。沈潛剛克。高明柔克。須審時度勢。因材施教。善救其偏。若執一定之規則而律全國。其受益之鮮。可豫決也。

考案

一天然崇拜之說如何。

二使用天然與社會進步之關係如何。

三各求安心之道如何。

四請言天然之感化。

五以何而補天然之感化。

第六章　德性涵養之握要

大學有言。大學之道。在明明德。在親民。在止於至善。又曰。古之欲明明德於天下者。先治其國。欲治其國者。先齊其家。欲齊其家者。先修其身。欲修其身者。先正其心。欲正其心者。先誠其意。欲誠其意者。先致其知。致知在格物。是大學之三綱八目。實不出涵養德性之一義。此外皋陶謨之言九德。洪範之言三德。論語所謂溫良恭儉讓。所謂徙義崇德。所謂克己復禮。所謂忠信篤敬。中庸所謂好學。力行知恥。所謂戒慎恐懼。孟子所謂存心養性。所謂反身强恕。凡所云云。皆不外此德性之必須涵養。古人蓋明有以教我矣。

然吾人之德性有二。一由天稟。一由學力。各從其性之所異。而發達之方向。亦各有不同。或趨於温厚篤實。或趨於卓犖豪邁。蓋種子既殊。枝葉自異也。要而言之。德也者。所以高尚品格。夫人而不可缺者也。

然於天稟之德。復分兩種。一曰種子之善良。一曰遺傳之善良。此固非人力之所能左右。至學力則因教育而互殊。或受境遇之感化。或由家庭之浸淫。或由師友之切磋。遇珪則成方。遇圓則成璧。然有時教育之力。亦未嘗不可變天稟之性。唯祇限於一定範圍之內。始得奏效。故有分人性爲上中下三等。上者常善。下者常惡。唯中者因教而移之說。然雖曰上智與下愚不移。苟有天稟之善質。復加以人事之教化。其發達愈甚。可無疑也。

抑涵養德性之事。尤當隨時勢而爲變遷。處學生時代。有學生之德性。處官吏時代。有官吏之德性。閉關自守時代。與列國競爭時代。亦異其德性。卽士農工商其所以涵養其德性者。亦不能劃一標準。以例其餘。當於外參酌宇內之大勢。於內順應所處之境地。以完全一身之品格。而圖國家之强盛。方爲盡善盡美也。

考案

第一吾人之德性。從何而區別。

第二天稟與教育之關係如何。

第三有一定不易之德性與否。

第七章　家族倫理　家族組織

吾人之所謂家族。必親子夫婦兄弟。聚族而居。有統率與服從之關係者也。是家族起於人情之自然。故不問東西各國。必有家族之時代。此卽爲社會發達之祖。及國家之制度。組織稍完。聖賢之教化。感人既深。遂因其國之知識如何。其中遂不能不少有變局。此東西各國。族制之所由異也。族制既立。必重血統。故一則各尊其民族之先祖。而追慕崇拜。一則各求其子孫之繁榮。而繼承勿替。兩者相因而至。此卽爲族制之基礎。

歐洲古代之家族。初與東洋頗相類似。其基督教之傳播。政治之改革。古代族制漸衰。遂一變家族之觀念。基督教國之所謂家族。視祖先與子孫之關係頗輕。寧於社會上整理男女之秩序。立一夫一婦之制。以裁制人情。故婚姻而後。卽自成一家。苟既生子。未達丁年時。父母任養育之責。及至有室。亦別爲一家。是東洋之族制。以婚姻爲繼續家族之原。而西洋則由婚姻而始爲家族。族制之各異。卽社會組織之所由分也。

家族之對社會義務。雖不一而足。然其重要之點。則有數事。一家族者爲各人安息之場。夫人類斷不能孑然而獨立。必出而營生計。或任公務。角逐紛紜。日不暇給。拂意之事。時接心目。苟無以慰養其精神。休息其身體。則祇有痛苦。絕無快樂。

非祇傷生。更非人道。家族者卽安息之所。娛樂之原。是家族非祇爲親族集合之地。必愛情纏綿。如坐春風。乃得謂爲完全之家族也。

一家族卽爲兒童之學校。家庭習慣之於兒童精神。恰如地味氣候之於草木。苟感化盡善。則志氣遠大。嗜好高尙。長成卽異尋常。否則沾染惡習。先入爲主。將欲變化其氣質。實非容易。微獨家族之不幸。其禍害將延及於社會。故家族有對兒童及對社會任家庭敎育之義務。萬不可以其無關宏旨。輕而忽之也。

由此言之。家族之所關。如此其重大。此後社會之發達。有日新月異之勢。族制之慣習。亦不得隨而變更。凡立一家。成一族者。須知此家族非一人之私物。其影響足及於國家社會。勿徒以繼續血統之一主義。卽爲完家族之義務也。

考案

一請述家族之所以起。

二東洋家族與西洋家族。其相異之要點如何。

三請述家族之義務。

四歐洲之族制如何。

第八章　家族倫理　親子之道

親子之相親愛。非獨人類爲然。即至下等動物。莫不有之。故親之於子。則有慈愛之情。子之於親。則有戀慕之念。此發於自然之感情。出於不容已者也。然習俗澆漓。往往有因一時之忿怒。惑一端之情慾。不顧前後。卒爲悍逆者。此放任自然之過甚。而教之之道所由起也。

詩云、綿蠻黃鳥。止于丘隅。子曰。於止知其所止。何以人而不如鳥乎。詩云穆穆文王。於緝熙敬止。子曰爲人子止於孝。爲人父止於慈。此雖以文而代表兩親。然其意亦不外親之於子。則當慈愛。子之於親。則當孝順。然親之對子。雖概之慈愛。父與母自異其性質。父則於慈愛之中。而寓威嚴。母則於慈愛之中。而寓溫柔。必兩者相合。始得完爲親之道。

至論孝之道。則分常變。平常事親之道。則以得親心爲主。視於無形。聽於無聲。此古今不易之道也。至處變之道。如親陷不義。或蒙罪惡。子對親之道是也。東洋之倫理。以忠孝爲人倫之要義。故不問何事。必以從親之命爲主。卽有罪惡。亦以子爲父隱爲德義。又有君父之讐不共戴天之格言。故爲父復讐。視爲人子不可缺之義務。雖然。道者社會之道。隨社會之發達、卽共爲變遷。今日之社會。以道德爲重。以國法爲神聖。事親之方。亦不得不稍異古代。夫子爲父隱之義。卽羅馬之碩學施賒路（紀元前一〇六年生四三死）亦謂『父若犯罪。爲他人所訴告。子當辯護之』東西思想若合符節。誠非偶然。蓋當時計社會幸福之思想。尚未發達。或以家族之團結。視爲一社會。故視親子之道。較社會道德爲重。此固理勢所必至。然今日文明之世。最重公益。嚴守國法。苟不幸親陷罪惡。比較親之心意如何。或涕泣力諫。或諫之不聽。當重國法之神聖。大義滅親。有所不避。已寧竭力以救親。弗辭死所。（可與訴訟論參看）

又復讐者。案之一人私義。本爲孝道。然細繹復讐之意味。非因此而增死者之幸福。不過消復讐者之忿怒而已。古代國家制度。未完備時。其刑法非如今日。有制裁社會之效。故以復讐爲公理。至今日國法森嚴。國家自有處之之道。當聽法律之處置。不容徒洩私憤。取快一時也。

考案

一孝道與社會發達之關係如何。

二請論處常與處變之孝道。

三問孝道之所以隨時代而變化。

四孝道與復讐之關係。

第九章 家族倫理 婚姻論

女子生而願爲之有家。男女生而願之有室。此人之大倫也。故夫婦結婚而後。即新生親屬之關係。內於家庭親族。外於國家社會。即有新生之義務。古代社會。其結婚狀態。不一而足。故其夫婦相互之道。及其對於社會之道。亦因之而殊。夫男子體魄強壯。孔武有力。在古代時。社會之運命。全係於男子之手。故恃其威力以壓抑女子。待之幾若囚虜。視之直等奴隸。及世進文明。女子之地位漸高。男女各隨其天性之所適而定職分。小則一家之整理。大則國家之進步。皆有相助爲理之勢。

抑古代之夫婦。初無一定。男女既已無別。更無所謂家者。即稍進步。知非家不可。然仍男女雜處。無甚界限。故或爲一妻多夫之制。或爲一夫多妻之制。此社會學之所發明也。及社會發達愈進。夫婦之關係愈深。一家之中。上有祖先之祭祀。下有子孫之繼承。及財產之分配。關係複雜。遂成習慣。此數事者。皆直接或間接。與婚姻大有關係者也。

歐美基督教之國。以一夫一婦爲其風俗。然東洋有立妾之風。是誠未脫野蠻之習者也。又歐美之婦人。夫死之後。可得公然再婚。幾成正道。然東洋之俗。最重貞節。苟其夫若死。以不再婚爲婦人之德義。即此而論。未可遽定其優劣。必將家族制度。於財產分配之法。血統繼續之制。相合而觀。乃能定論。然就人情上而言。男女愛情本最親切。二者之間。皆欲其無外遇。若其中之一人。移其愛情於他人。必起嫉妬之心。或來不幸之事。故其人雖死。仍不忘其過去之愛情。不再婚嫁。本極可稱之事。然苟愛情既已消失。只恐社會之裁制。空鬱抑而獨守。終非人道。故再婚之事。須任本人之自由。方洽情理。且歐西之俗。有離婚之例。夫婦之間。苟相反目。可各分離。要之婚姻爲人生最大之禮儀。設非有大不堪之事。決不可輕離。若動以細故。輕率離婚。非獨反人情之常。且紊社會之秩序。或謂婚姻者。自相約而成。自相約而散。有何不可。不知成立一家之後。既生天然之關係。何不思之甚耶。

考案

一社會之發達與婚姻之關係。

二請論一夫一婦之制。

三一女不事二夫之格言其公理若何。

四請論離婚。

第十章　社會倫理　一

以多數之人類。定居而相集。其間分業大行。有統一之而成團體者。謂之社會。夫國家與社會。有密邇之關係。然其相異之處。亦不可不知。國家者。爲法律與權力所統一之人民之團體。有治人者。有治於人者。各人相互之間。皆有權利義務。社會者本人情之自然而爲交際。以互相結合者也。然社會之結果。雖本於人情之自然發達。然苟放任其自然。卽結合益密。然利害相遇。卽生競爭。或紊秩序。且自然之結合。不能統轄大社會。自有分裂而爲小團體之勢。此組織國家之不可少。立權利義務之限制。以强力而保其統一之所由始也。或謂社會與國家。判然二物。不知兩者。達其目的之手段雖殊。然仍以同一之目的而運動。且相互之間。有脣齒相依。互相補助之性質。固未可徒執一二而誤解之也。

吾人旣生於發達已久之社會。則吾人對社會之關係。比之父子之關係。亦無不可此。卽吾人對社會可盡之義務也。夫吾人之義務。雖因其種類境遇。各有不同。然不外進則力謀公益。及退則勉求不害他人。且吾人所處之境遇。雖千態萬狀。然大別之。則有兩種。一爲社會上之境遇。一爲心之狀態。就社會上之境遇而論。則大自營謀公益。而定社會進步之方針。小至各人之禮法慈善娛樂等事。不可不各應其時地而有所作爲。此境遇與義務之所以互相聯係也。至心之狀態。亦與盡社會上之義務。大有關係。凡忘一己之利害。而爲人謀之人。不可多得。不過恐與論之誹謗。或懼社會之裁制。不得已而盡義務者。十居其九。故雖曰有迫而爲。然不昧良心。卽爲爲善之始。故擴充其羞惡之心。而義不可勝用也。

抑社會者。雖爲個人之集合。然所以集合各一者。一由物質之境遇。一由生理與精神之作用。物質云者。指住居之相接。氣候之相同。物產之交換而言。生理及精神云者。指有同一之血族。同一之歷史。同其風俗言語。思想宗教而言。此事雖不必皆備。然備之者。其結合益固。如中國國民中。血族旣先差異。從而異其歷史。異其言語風俗思想。故動有搖動之虞。此其證也。雖然、東洋與西洋。於人種言語風俗及其國家之組織。雖絕不相蒙。然相互而交換物產。交換思想。卽謂爲人類之大社會。亦無不可。

由是觀之。個人與社會之關係。非機械之比。固有精神血脉以相聯貫。實成一個生機體。個人之榮枯。卽其社會之盛衰。同其運命。故生於一國社會之上者。當以自己爲主位。所謂天下興亡。匹夫有責者。卽此義也。

考案

一社會者個人之集合。或云雖無社會。個人可能存在。無個人則社會不能存在。故以個人比社會爲重。可評論斯說。

二社會爲有生機體之說。其意如何。

第十一章　社會倫理　公益論

人生斯世。旣與社會有重要之關係。故不論智愚賢不肖。當盡其力之所及。以求有益於社會。故治人者。被治者。實業家。教育家。政治家。當各盡所長。以盡義務。雖然。自非聖人。安能生知。故教育爲第一要義。教育之方法。雖千頭萬緒。總以啓發智能。成就德器。爲廣公益之準備。爲大目的。故爲家長者。有教育少年之義務。個人有勉勵而教育自己之義務。此義務者。夫人而當盡者也。唯世人學業少有成就。動則沈溺於金錢之欲。名譽之欲。權利之欲。蔽於一孔而忘大局。妨害社會之進步。腐敗社會之空氣。罪誠不少。故一切行爲。求無害於社會。即爲公益之初步。然尤當進而謀公益之發達。方完個人之天職。故於政治上。實業上。教育上等。次各計己身器量之大小。智力之程度。以撰職業。更不必故意以求及影響於社會。只盡心竭力。以謀所業之精進。於不識不知之間。遂爲社會之公益。蓋今日之社會。爲祖先之所賜。吾人食報於先者。亦不可不求所以圖報後人也。

然所謂謀公益者。非必以己之身。而供他人之犧牲也。夫人心複雜萬狀。智計情慾。錯雜交加。以成社會之現象。故社會現象。與精神現象。相爲原因結果。或精神現象爲原因。而生社會現象。或社會現象爲原因。而裁制精神現象。互相感應。如影隨形。若個人傾於孤獨主義。則一切事業。澁滯窒礙。自己終覺其不利。若同心協力。咸普大公。終必秩序整然。百廢具舉。自己終亦蒙其幸福。由此觀之。自己之利害。與社會之利害。非必異其範圍。固並行而不悖。況獨樂之不若與衆共樂哉。

夫人事萬有不齊。故從此而生之快樂。亦不勝枚舉。或關於衣食。或關於思想。或關於感情。或感現時之快樂。或追想從前。或豫想將來之快樂。凡求精神之快樂者。其樂恒久而大。求形質之快樂者。其樂恒狹而淺。故縱欲敗度。即損精神之快樂。彼放逸流盪。貽害社會。固無待言。即嗜好偏頗。性情執拗。亦非社會之福也。

且人各有欲。則不可不各自制抑。以防爭奪。亦人各有欲。則不可不各出其快樂。以相交換。譬甲欲滿足其情欲。則乙須稍爲節制。以讓他人。丙節制情欲。以讓他人。則丁於情欲。必有所得。相讓以防爭。交換以益樂。捨之於此。則得之於彼。與之以有形者。則得之於無形。人欲之配賦。各得其所。則人情之浹洽。愈臻其極。交換快樂。亦即公益上之一大要質也。

吾人之精神本自獨立。則於思想界。亦有不得不成孤立之勢。然施之實際。個人之力。仍甚薄弱。必互相聯合。始得成大業。如政治上之運動。教育之事業。實業進步。無一非共同事業。苟既稱爲同志。相與共事。一旦思想偶異。忽云脫黨。遽自背約。是所謂輕用信義。輕用信義者。非祇妨一人之目的。實害公益之尤。凡出而處世者。寧愼之於始。其無悔之於終也。

考案

一公益者爲私利乎。私利者。爲公益乎。請言其結局。

二公益之初步爲何。

三交換快樂。於公益曾有關係否。

四請言實行公益之手段。

第十二章　社會倫理　禮儀論

禮爲交際上之私德。以和合人情爲目的。誠於中者。必形諸外。故禮也者。所以使內外相應。制感情發動之過與不及者也。孔子曰。恭而無禮則勞。愼而無禮則葸。勇而無禮則亂。直而無禮則絞。荀子曰。禮者僞也。以人而爲之者也。可謂至言。心之所感。發之聲音。則爲歌唱。形之文字。則爲詩歌。發之四肢。則爲運動。雖皆發之自然。然苟放任之。不加以人事。將有日流於鄙野粗陋之勢。故聖人制爲禮以節之。使一舉一動。皆有規矩。以爲範圍。一言一語。皆有規律。以爲法度。本乎人情。撥乎公理。此禮義之所由起也。

禮與儀。其形雖同。其質實異。禮者本夫中心。而發於外貌者也。至儀則不盡本夫誠敬。以適合形式爲主。西哲常論儀式之起原。謂儀式者。本乎人情之自然。而進化者也。及時俗變遷。發表敬意之方法。既異昔時。而儀之形式。依然不改。今日之所謂儀式。卽不外此云云。此說雖當。然仍知其一。未知其他者也。夫儀式非獨古代之遺物。且於社會有統一個人舉動。及社會風俗之必要。譬國家有大事。國民咸舉而表祝意。且每年必以是日舉行斯式。傳之後世。以爲紀念。當此之時。苟隨所欲爲以表祝賀。縱不失敬意。然旣缺統一。且無體制。雜沓紛紜。曷足壯觀。故必定一祝賀之儀。劃一紀念之式。旣有以示國民舉動一致之狀。且足以激動其熱血。煥發其精神。雖曰虛文。而所關甚大。然世人動混合禮與儀而爲一。徒趨末節。反忘禮之根原。此又不可不有以矯正之而發明之也。

中國本禮儀發達最早之國。非患其不足。且恐其太繁。然自海禁大開。舟車絡繹。雖重洋遠隔。恍若比鄰。故交際非祇本國之人。世界人民。來將接踵。故交際之形式。不無多少之差違。然其形式雖殊。其精神無異。厚禮而薄儀。厚情而簡形。此即禮之精神。吾人所當固守者耳。

考案

一　請論禮與儀之別。

二　儀式之關係如何。

三問禮之起原及其目的。

第十三章　社會倫理　信義論

信義爲社會上最重要之私德與公德中之忠義。正相對立者也。信云者。所言必行。所約必踐。無欺無僞之義。然自社會倫理論之。非獨以言行一致。不失所約爲足。必所行所約。適合夫義而後可。此所以信義相合而爲社會之道德也。

近則親戚兄弟朋友。遠則國民全體以及於外國人。無信義即無以爲交際。然吾人之情。咸循夫避苦就樂之原則。而各有所欲。且情之所發。隨時而異。今日之所是。明日則以爲非。今日之所好。則爲明日之所惡。若任之自然。則雖極親愛之人。不至決裂不止。故必各重信義。力制心意之變更。苟發一言。雖如何曲折。必求所以踐言。苟立一約。雖如何艱苦。必求所以履約。蓋必如是。於外乃不紊社會之秩序。於內乃足高其人之價値。可不注意耶。

今請論工商業之社會。夫平準社會。以殖產工業爲主。以富國爲目的。世人動謂爲富不仁。與德義無關係。不知富者由人而生。爲人而起。是平準與人倫實有相爲維繫之勢。即賣買而論。彼不失信用者。鉅萬之金。一呼可集。貨物之出入。輸運靈通。否則百計周旋。始得一擲。平準之便利與否。即爲職業興廢之所關。此工商業之所以貴信義也。個人亦然。能博世人之信用。即增己之價値。季布一諾。重於千金。職是故也。語曰、人而無信。不知其可。大車無輗。小車無軏。其何以行之哉。民無信不立。殆誠然歟。

考案

一社會道德。信必加以義之旨如何。

二信義與成效之關係如何。

三平準與信義之關係如何。

第十四章　社會倫理　慈善論

人生斯世。或生而爲幸福之身。或生而陷於不幸之域。即有生之初。幸不幸之差。

無甚懸絕。然因天然境遇。與社會境遇之適否。即大相違。世人指此謂之天運。天運者。實於人事有極大之關係者也。彼居社會之上級。得享幸福者。雖由其勤儉器量而來。然天運之補助。蓋亦不少。居不幸之境遇者。非必其自暴自棄。限於運命者亦多。此行慈善之事。所不可少也。慈善者。非行於境遇同等者之中。必幸者對不幸者。自不幸中而爲救援。且無求其報酬者也。故不問何國。必有善堂善社之設。彼得營生計。非迫於貧苦者。不可不分若干之收入。出若干之勞力。以行慈善之事。此即吾人對社會義務之一也。然人心不同。一如其面。彼自暴自棄者。與限於運命者。徒視其舉動。頗難區別。則慈善之美舉。或爲無賴之糧臺。將怠者益怠。流毒社會。禍不堪言。此又不可不求一善法。以防其流弊耳。

生存競爭者。生物之通則。人類社會。亦不能出此範圍。故競爭爲社會之防腐藥。競爭激烈。則進步愈速。苟無競爭。便即衰弱。是慈善與競爭。作正反對。蓋競爭則以優勝劣敗爲主義。慈善則以補衰扶弱爲主義。是二者本不相容。此亦社會上之一大問題也。要之爲生存而競爭之事。凡於動物界中者。以食物爲首。人類社會亦然。次於食物者。或爲名譽之競爭。或爲權力之競爭。所有一切。無所不爭。然其爭雖烈。未必盡人而同爭一物。譬甲與乙競爭名譽。然於衣食權力無所競爭。則可自甲而惠衣食於乙。又乙與丙爲衣食之競爭。而不爭名譽權力。或丙與丁爭權力名譽。而不爭衣食。故慈善與競爭。實非矛盾。非獨不相矛盾。且可於一定範圍之內。以慈善爲競爭之準備。蓋競爭尙力弱者之必敗。固無待言。然人非必與弱者相競爭。如苟非有不得已之事情。斷無有與幼兒競爭者。蓋幼兒尙在襁褓之中。未足爲社會之一人。當其心身尙未發達。雖爲弱者。然生長之後。將爲社會重要之人物。固未可知。故由慈善而保養之。卽爲他年出而競爭之準備。又靑年之男女。迫於貧苦。生長於無敎育之中。則卽及長成。亦不過僅存生命。墮於社會最下之階級。若得慈善家之恩惠。得敎育之機會。將學成而後。馳騁於競爭場裏。正未可量。所謂以慈善爲競爭之準備者此也。況測隱之心。人所同有。卽非迫於公義。亦焉有坐視其人之死。而不救者哉。

考案

一請論慈善之本旨。

二慈善論與競爭說相矛盾否。

第十五章　社會倫理　名譽論

名譽者無形之財產也。自所有言之。則爲一種之美德。自他人言之。則爲賞讚之雅意。蓋思慕善行美德。遂至尊敬其人。故名譽者。非孤立者也。然世之矯揉造作。沽名釣譽者。實不乏人。固不可無虛名實譽之別。然則以何標準而言其虛實乎。此倫理上之一大問題。學生雖不一其說。然所謂名譽者。本自有功者與讚賞者之關係而發。自以賞讚之多寡。而定其虛實。蓋少數時之識見。易陷於謬誤。多數時則成爲公論也。故人不可求一部分之小名譽。當求名譽於全國。非獨求之全國。且求之於全世界。且不以求之現世界而自足。更當於世界歷史中。求傳其大名。斯爲可貴也。
且名譽之在社會。有制裁人心之大勢力。自非無恥之小人。誰不好名。惟其好名故。於公私之品行。皆深自檢察。不敢蕩檢踰閑。故在朝者。力博世人之信用。在野者力增一己之價値。戰戰兢兢。養成一種善良之習慣。其勢力之大。殆無比倫。試問居此社會之中。誰能出此勢力之外。以求令名耶。
名譽旣爲無形之財產。則凡對他人之名譽與對他人之財產同。如讒謗誹笑等。卽毀損他人之名譽。卽不守義務而侵他人之權利者也。就其心迹而論。讒謗則有爲而爲。旣誣涅他人以惡事穢行。復倡言不諱以排斥其人。其不德固不俟論。至誹笑則其中非必有所目的。但識見淺少。性情輕薄。徒執傳聞之風說。談他人之惡事以爲快。兩者之心迹雖殊。然其侵害權利則一。故於他人之惡事。雖其實名確。然無礙社會。不害公益者。仍以不攻人惡爲合道德。蓋公言之於已無益。而於此人畢生之名譽。大有關係也。

考案

一請說名譽之所以爲無形財產。

二請說名譽之標準。

三讒言與誹笑之心迹如何。

第十六章　社會倫理　訴訟論上

人類相集而成一社會。又於社會而組織國家。複雜紛紜。其間不無利害之衝突。若各不相讓。必不能維持其團體。然古之時。如今日吾人所謂宗教、倫理、法律之區別。亦殆無之。只以神道權力良心等相合而防利害之衝突。裁制人民之惡事。及社會逐漸進步。宗教、倫理、法律。遂各顯其特性。而各異其範圍。夫於宗教則以命令爲神所出。背之者卽爲神所罰。於倫理則以己心判別善惡。褒貶各由其良心。於法律則以國家之權力使人民有所服從。三者之目的雖同。然行之實際。結果自異。蓋倫理則祗良心之制裁。從其智識之程度而各別。非如國法之普及。宗教則信仰自由。其制裁祇及於信者。不能行之信者之外。又非如國法之統一。三者雖相輔而行。以正社會之秩序。然終不能無所偏重於其間。宗教本信仰自由。姑不具論。試卽倫理與法律之關係略爲研究。

自大體上論之。倫理者以防惡於未然爲主。法律者於惡事既發之後。加以制裁。以除社會之罪惡爲主。其關係恰如衛生學與醫學。蓋衛生學則以防疾於未發爲主。醫學則已於已發之病。醫治以除其毒害爲主。其目的雖同。然達其目的之方法自異。至考倫理之實際。非止豫防罪惡。且於罪惡既發之後。當矯正而消滅之。然止豫防罪惡。或矯正罪惡。仍非倫理之大目的。必使人民咸向於善。期罪惡之不發。方爲極點也。於法律則祇劃定權利義務之界限。使各不得侵犯他人之權利爲止。雖其中亦有豫防罪惡。及增加國家幸福之目的。然其所以施行之者。則只在判斷權利之紛爭。及裁制各人之罪惡已耳。

考案

一宗教倫理法律。其對於社會之關係如何。

二請論倫理與法律之關係。

第十七章　社會倫理　訴訟論下

倫理與法律。既相助而增加幸福。蓋一則防紛爭於未然。一則判紛爭於既發者也。自倫理而論。固欲其無所紛爭。然考之實際。紛爭究爲不可免之事。故處置之方法。及善後之策略。又非無研究之一値也。

於此甲乙相爭。先必有所謂講和者。使內立於二者之間。熟慮其異同。比較其利害。以判別其曲直。若甲乙皆服丙言。則紛爭可息。若其中之一人。不服丙言。此外無圜轉之術。則必提出法庭。以法律之標準。而仰判官之裁斷。此之謂訟訴。彼申訴之人。卽自認爲被害者。欲以訟訴而恢復其害。是謂原告。由原告而認爲加害者。是謂被告。且法庭又有各種階級。有縣裁判所。府裁判所。控訴院。大審院。各種之法庭。則有各殊之目的。縣裁判所。以勸解爲主。調停原被兩告。務訟獄事件之減少者也。府裁判所者。管理一切訟事者也。若訴訟人不服其判決。可得上告之控訴院。更不服控訴院之判決。可得上告之大審院。而仰其判定。大審院者卽最高等之法庭。而爲國家之機關。此外並無質別邪正之地者也。由此觀之。處理紛爭。不外講和與訴訟。然二者各有利害。述之如左。

講和者。不公示紛爭之事。祇數人之親戚。或交厚之朋友。調和而折衷之。一以避爲他人所知之恥辱。一以朋友親戚。熟和內情。不偏於道理。不徇於人情。使各得滿足。是講和之所以有利也。然狡獪之徒。藉居間調停之名。而從中漁利者。亦復不少。或居間者辯舌縱橫。議論切迫。服人之口。不能服人之心。理屈詞窮。因此吃虧者。所在多有。外雖調和。內實怨憤。流毒社交。其害不少。如古代法律之不完備。則無待言。然至今日法律。如此其明晰。且有辯護士之組織。若有紛爭。當捨曖昧之講和。質之法庭。以受公正之判斷。無使遺憾於他日。方爲倫理上之道德。然於本有交情之人。動訴法庭。至相決裂。於情究有所不忍。且有煩擾法廷之恐。吾人當又以和睦爲主。力避訴訟爲宜也。

夫文明之進步。訴訟隨而增加。又決非人情之傾於惡薄也。蓋交涉既進複雜。紛爭即從此而增。吾人生斯社會。斷不能抵抗大勢。則不可不講防禍未然之策。其策維何。即明交情與權利之區別而已。交情者以盛情與禮義爲基礎。至各人相互之間。有權利義務。則當於倫理法律之範圍。計己之利害爲基礎。故交情雖厚。然關於利害之事。固不可不於法律上立正式之條約。如因一時交情之熱。貸以金錢。後有違言。動生藤葛。憾恨之餘。怨毒自生。怨毒一生。必來傾軋。以一言之界限。偶不分明。而社會之秩序因之紊亂。可不懼耶。故雖如何親切。苟關利害。須明定界限。且立證據。以備他日提出法廷之用。蓋欲不陷他人於罪惡。須先求不被害於他人。非謂獎勵訟獄。實維持社會之秩序。實有不得不爾者也。

考案

一　請說講和與訴訟之得失。

二訴訟與倫理之關係如何。
三交情與權利之關係如何。

第十八章　社會倫理　娛樂論

吾人人類實生息於勞苦勤勉與娛樂安息之間。兩者不可缺其一。苟有人徒費時日於勞苦而無安息之暇。終必精神衰弱身體疲勞。失勤勉之力。而蒙損害。苟有人日求娛樂。不事勤勞。終必游手好閑。不能自立於社會潮流之中。故須撰定勤勞與娛樂之種類。及勤勞與娛樂之比例。務得其宜。不偏於一方。斯爲至要耳。且娛樂者。與人類終局之目的以俱存者也。夫自朝至暮。自壳至老。形役其心勞苦其軀者。總不出求娛樂之一念。獎勵娛樂。却有與獎勵勤勉相矛盾之勢。不知理非一端。言各有當。譬之毒物。有時可爲藥品。或本同一物。而因其分量之多少。一爲毒物而可以死人。一爲藥品而可以療病。娛樂之於人亦然。若誤其分量。不適於度。雖可使人流於怠惰。苟適其度。非獨活潑心意之運動。且養成進取之精神。然適度之果爲如何。固又不可不深察耳。

勤勞與娛樂之關係。恰與平準上收入與支出之關係等。若一家之支出。踰於收入則生計日蹙。終至破家。若收支僅足相償。家計雖暫可支持。然無蓄積之餘裕。終無以隆家道而長子孫。若收入踰支出時。則揮霍裕如。從其人之所好。得營私利而謀公益。是勤勞即收入。娛樂即支出。娛樂多於勤勞。其己固可立而待。即勤勞與娛樂得相平均。亦終無以自立。故不可不使勤勞踰於娛樂。踰於勤勞之娛樂。乃眞娛樂也。娛樂之適度。亦即此也。

考案

一娛樂之性質如何。

二如何方爲娛樂之適度。

三試以平準上之收入支出比例勤勞娛樂。

第十九章　社會倫理　獻身論

孟子曰。魚我所欲也。熊掌亦我所欲也。二者不得可兼。舍魚而取熊掌也。生亦我所欲也。義亦我所欲也。二者不可得兼。舍生而欲義也。生欲我所欲。我欲有甚於生者。故不爲苟得也。死亦我所惡。所惡有甚於死者。故患有所不辟也。比較淸楚。指點直捷。吾人觀此。可以興矣。

人爲萬物之靈。動物界中。不問何物。其幸福靡有能勝人類者。人皆好生惡死。凡磨煉才器。增長知識。一切行爲。無非所以安全其生命。故苟有妨礙生命者。目爲『人生之大敵』。必全力以撲滅之。使其靡有孑遺。雖然、生命雖可寶貴。然不可不爲幸福之生命。譬之流質。苟凝結而失流動之性。是非流質。人而不能保存其幸福。是既失生命之本質。所謂虛生人世。卽謂世界中直無此人亦無不可。

保存生命。雖如斯重要。然吾人之生命。非可獨立而生存。遠則有祖先之遺傳。近則有父母之恩愛。小則有親戚朋友之親愛。廣則有社會全體之扶助。始得生長於安全之域。故受恩不可忘。不可失報恩之機會。然則一身之生命雖極貴重。或爲祖先。或爲父母。或爲親戚朋友。或爲社會全體。苟有獻身之必要。固不可愛惜身命。以供其犧牲。語曰。殺身成仁。爲仁之至。此之謂也。

雖然。獻身者。非必殺身之謂。殺私欲而爲他人。犧牲己之幸福。不惜勞苦。不計毀譽。以謀公益。皆可謂爲獻身之事業。然欲獻一身以求益於世。則當先爲準備。如才幹、學識、決心等。皆爲獻身之材料。故青年之士。當爲學之始。不可徒求淵博。以沽名譽。或束身寡過。以自足。必以己之所得。出而經世濟民爲目的。蓋卽情理而論。雖當先利己。然自終局之目的而論。則不可不以利人爲要。且利人之大小。必以其學之所得之大小爲比例。則少年之時。不可不放擲萬事。專心學業。內以求一己之成材。外以爲廣公益之準備。是卽以利己而爲利人之基礎也。

考案

一孟子之所謂獻身論如何。

二請言所以獻身之故。

三利己主義。與利人主義。有相矛盾否。

第二十章　社會倫理　生命論

生命之貴重。既如前述。故雖下等動物。亦力求保全其生命。一切舉動。總不出此目的之外。至人類則不無少異。蓋有精神之作用。有同情。有名譽心。有正義。故寧萬死。不欲維持此不德義不名譽之生命。或有時捨生命而爲社會。此人之所以優於下等動物者也。然殺身成仁者。權而非常。常道則各全其生命。以助社會。此「生命不可犯」之格言。所由來也。故若無理而危他人之生命。非獨被害者有防禦之權。社會全體。對之此人。亦有防禦之權。是謂國家之權利。是害人者非獨犯個人之權利。且犯國家之權利。其爲德義上之罪人。固無待言。亦卽爲國家之罪人。國家卽有以懲處之者也。

考古今之歷史。重視生命之程度。固非一例。大約文明之程度愈進者。其重生命之程度愈高。如未開之世。殘忍以殺敵。不獨不議其非。却有奬勵之之勢。又如刑法。動處死刑。固不必論。且有誅五族九族之例。此外凌遲車裂。種種異聞。然文明進步、而後。盡力之所能及。以避殺戮之慘。卽至罪人。亦不妄加死刑。今歐洲已有全廢死刑之國。且生命爲天然之賜。微獨他人不可加害。卽自己之生命。亦不可妄自戕賊。此自殺者所以爲不道德也。夫人之罪惡雖多。然大別其結果。不外三種。第一爲所及於社會之惡害。第二被害者之怨恨。第三由悔悟而生之痛心。彼自殺者雖得除去第三之痛心。然第一之惡果。依然存在。故人苟能悔悟罪惡。當益修養身心。求回復罪惡之道。豈可自尋短見。益增罪惡耶。

又變讐一事。爲東洋道德之一種。夫雪死者之恨。消生者之怨。本極快心之事。然在古代之國家。其組織不完全。以復讐爲豫防加害之一法。至今日處置罪人。政府自任其責。如直接復讐。德義之所不許。亦法律之所禁。故若爲私交上之忿怨。害他人而犯國法。是謂忿怨之誤用。固不可不愼也。

基督教之一派。普連士宗以生命貴重之故。至論戰時亦不必服兵役。此固極端之論。蓋一人之生命雖貴。然終不能比國家之生命。故一有戰事。應政府之徵集。爲國家而戰守。卽爲國民之義務。蓋國家之所關甚大。個人之利害。有所弗顧也。至擊襲敵國之當否。則詳國際倫理之篇。茲不具詳。

彼主張全廢死刑之論者。其理由有四。一謂生命不可犯。二不能保判官之無謬誤。三郎有死刑。罪人未嘗減少。四死刑之慘酷。文明人所不忍。是等思想。非無至理。然細思國家之貴重。其理仍未完全。彼謂生命不可犯。苟有日執兇器橫行社會。使生命財產。俱不安穩。民不安堵。其禍不可勝言。故殺一警百。有何不可。至判官之判決。有時非無謬誤。然於重大案情。動經數十人之手。鄭重周詳。乃始判決。此事慮之野蠻國土則可。然文明社會。恐未必其如何鹵莽也。

考案

一有比生命而尤貴重者乎。

二生命之貴重與文明之關係如何。

三請自倫理上論自殺。

四問復讐之義當否如何。

第二十一章　社會倫理　財產論

財產者何也。凡斯物品。有隨我意而得使用之權利。指其物品。即云財產。其貴重次於生命。故法律有言。財產不可犯。財產之種類不一。然自權利分之。則有所有權。用益權。賃借權等。所有權者。謂得自由使用其物品。收益及處分之權利。用益權者。所有權雖屬他人。然無復其原質及本體。有期而使用及收益之權利。賃借權者。以賃錢而使用他人所有品之權利是也。至其詳細。則讓之法律學。就其物品而區別。一爲有形財產。其中分動產與不動產兩種。二爲無形財產。如特許權。服權。商標權等。由此觀之。吾人之財產。一如生命之不能獨立。固可知矣。

至論財產之起原。其說不一。或謂財產者本夫人之天性而起。或謂以人爲之法律上觀定。或謂雖本夫人之天性。然仍自其人之勞苦而得。或謂占領未屬他人之物而得所有權。說雖互歧。然不問其起源之如何。苟吾人之財產。爲社會所公認者則相互之間。自有對財產之義務。對他人財產。守不侵犯之義務。固爲倫理上之義務。亦法律上貴重之義務。又卽社會秩序之基礎也。然自國家對個人時。苟爲公益而出於不得已。則有以適當之方法。而要求其移財產於他處之權利。故財產在私權中。雖爲最重。然對國家則不能爲無上之權利。

然則吾人於自己之財產。有如何權利乎。財產既爲吾有。固得隨意而使用。卽與之他人。亦無不可。故有讓與之權。施與之權。分遺產於親屬之權。讓與者。關於賣買之事。以交換爲主。各執商品以相當之市價定交換之標準。而互相賣買者也。無詐無虞。本無忽獲大利。忽招大損之理。然由種種之原因。損益遂至大相懸絕。此財產分配。不能平均之一原因也。至施與之事。既詳於慈善論。此不復贅。若遺產則乙對甲雖無要求之權利。然乙對於社會。有受甲遺產之權利。東洋之俗。大約傳之子孫。然歐米則不盡然。事雖微細。然於國民獨立之性。未始無關係於其間也。

世之論者以貧富之不均。或欲全廢私有財產之制。謂一切財產。當其有之。卽因各人之勤勞以爲分配。然苟有餘羸。不許私自貯蓄。復歸之公。此意非云不善。然私產之積蓄。所以獎勵人心。若行公產之制。人將陷於怠惰。無可救藥。況私有財產。實發達於自然。非法律所制定。出於人情之自然。國家雖如何勢力。未易矯而正之也。將來社會愈進。人智愈開。此制可行。固未可定。然現今知識之程度。則如此。古來慣習之入人深。則如彼。若强行此制。是亂天下也。唯於財產分配之法。則不可不盡力之所及。以求分配公平之道。此法現爲平準學上一大問題。有志者所亟宜研究也。

考案

一 請說財產之定義。及其區別。

二 盍舉財產起原之說。

三對財產之權利義務如何。

四共產之說可實行否。

第二十二章　國家倫理　國家組織

國家與社會。雖相似而實非。前章旣已詳述。蓋社會之範圍。不能一定。小自親戚朋友之集合。大至人類全體。皆云人類社會。人情之所通。必有社會之存。至國家則不然。有一定之組織。於國民中同其利害者雖多。然此國與彼國之間。則時異其利害。故國家成立之基礎。一則求人民之幸福安寧。一則有以防敵國外患。世人動以國家之利害。混同人類社會之利害。不知人類最重之義務。却在增加國家之幸福也。

或謂國家之範圍狹隘。不足爲吾人最大之目的。不可不以增加人類社會之幸福爲目的。如宗教中佛教基督教回教等。或祇研學理。力主世界主義。其理非不高深。然闇於國家與社會之組織。究難實行。若盡人捨國家之利害。而求人類社會之利害。非徒無益。不亂天下不止。故吾人當以組織國家之團體爲根據。因其團體。以徐謀人類社會之利益。方不紊秩序耳。

凡國家之成立。有國民之資格者。不可不明組織國家之政體。及國家之目的。夫國民之資格。或因國法而定。或起於自然。前者與本章所論之旨無涉。姑不具論。請言後者。國民自然之資格爲何。同一人種。同一言語。同一風俗。且同過去若干年之歷史是也。若無此資格。卽成立一國。其組織薄弱。不能爲强固之國家。故卽新得屬國。新闢殖民地。尤須有使是等人民同化於本國臣民之勢力。

至政體之種類。則有神政體。君主政體。立憲君主政體。共和政體等之別。神政體者。以神爲一國之主權者。君主政體。則於人類中定一君主。尊之爲國王。立憲君立政體。則立國家之憲法。使君民共守之。共和政體。則以國民之公論而施政治。以憲法爲主。無君民之別。皆得參與政治者也。至其詳細。一讀歷史及政治學。當可盡悉矣。

若國家之目的。其論各殊。或謂國家之利害。最爲重大。於個人之利害。殆不足計。或以個人之利害爲主。謂國家不過爲保護人民之機關。或謂國家者祇以法律而保護人民之權利義務。凡所云云。要皆一偏之論。蓋國家之目的。非獨計國民之安寧。且當求發達國民之道者也。今日萬國並列。競爭方劇。卽爲人類進步之階梯。然欲謀人類之發達。非先求國民之發達不可。

考案

一問國家與社會之區別。

二國民之資格如何。

第二十三章　國家倫理　國民相互之關係

既有國家。必有一定之組織。有君主。有臣民。臣民相互之間。亦各有界限。自甲對乙而有權利。又自乙對甲有對於權利之義務。臣民相互之關係。卽此義也。

人類相集而成一社會。各人之德義才能財產等。多寡不同。卽於社會中。有各異其位置之勢。然社會之需要。隨時勢而變遷。或時重勇力。或時重才智。或時重全力。是由社會之需要與個人之資格。而定各人對社會之位置。如在亂世。則勇力過人者。占上流之地位。商業之世。則富於財產者。居上等之階級是也。

社會既進複雜。社會之需要。與個人之資格。其數亦必增加。如甲之金力雖優於乙。然才能不能無少劣。乙之才能。比丙雖有所優。於勇力則未必同等。故自非超越人羣者。個人之間。頗難分別上下。惟有此事則甲優於乙。彼事則乙劣於丙之區別而已。於是各挾所有。以應他人之需。有以應之。必有所以酬之。故社會之中。有需要。有供給。有報酬。循環無端。運動不已。各人相互之關係。遂益深遠綿密。而不可以言語形容。

然供給與報酬。本無定律。若放任其自然。則或費多量之勞働。而受僅少之報酬。或受極多之報酬。而費有限之勞力。故不得不以國家之權力。使勞苦與報酬之關係。務得平均。由此關係。遂生權利義務。或關生命。或關財產。或關名譽。或關身分種類雖各殊。然法律家於權利義務。大別爲物權人權兩種。人權云者。甲對於乙就某種之人。而要求某事之權利。物權云者。或於某事。拒絕他人干涉之權利。又如對他人之生命財產名譽。有不可侵犯之義務等。至其詳細。後章更有所論。此不具詳。

考案

一問社會之需用與各人之位置。其關係如何。

二權利與義務之起原如何。

第二十四章　國家倫理　納稅與兵役之義務

爲國民者。皆有納稅之義務。不問何國。其運用機關。皆須鉅費。然此等費用。國家不能自生。故不可不以人民之租稅。而充此費用。故租稅爲萬國所共有。蓋有支出而無收入。國家之成立。卒不可支也。或論納稅之義。謂人民以此稅租爲政府保護人民之報酬。不知此事。乃國民對國家之義務。謂報酬者。乃謬見也。

夫人類相集而爲社會。又於社會之中。以權力法律而組織團體。是謂國家。已如上述。然或以國家爲一商店。爲一公司。以契約而成。此說一時盛行歐洲。然詳細考求。仍爲極端之論。蓋吾人生於國家成立之後。卽生而有爲國家臣民之性質。若謂國家與臣民之關係。由契約而成。則有生以前。旣有此契約。其非以吾人之心意而訂結可知。足對國家之義務。已從先天而有所得者也。

由此言之。納稅之義務。實與有生以俱來。故因夫財產之多寡。及其職業之如何。當從法律之規定。納適當之租稅於國家。然臣民雖對國家而納稅。而國家卽保護臣民之權利。以謀其安全。驟觀雖似報酬。然保護臣民。實爲國家之義務。國家亦不外對臣民而盡此義務焉耳。

至兵役亦然。夫國家雖已成立。然小則有內亂。大則有外患。二者俱藉兵力以爲抵抗。然兵從何出。出此者。卽國民之義務。

故歐洲各國。凡男子之旣達丁年者。皆應徵兵。或定一年限。習練兵事。苟有緩急。

爲國家而服軍務。持極端之論者。謂凡爲國民。不問男女老幼。皆當舉而爲兵。然婦孺老弱。究不適於用。非獨無功。却有妨害。故於男子之中。彼有疾病及爲孤子等。仍免其兵役。蓋王道不外人情。固不可執一端而論也。

且兵役雖各盡義務。然軍人卽爲國民之代表。故當其役者。對國民固負責任。且因此而有名譽。故一切舉動。當顧名譽而重責任。以力盡此義務。蓋苟有恥辱。非一人之恥辱。乃國民之恥辱。可不愼哉。

考案

一試論民約說之是否。

二歐洲之兵制如何。

第二十五章　國家倫理　釋權利義務

人自賦形而後。日漸成長。隨其心之所欲。以運用其肢體。進退趣趨。皆得自由。雖然、人固有欲望。且有天性。雖一切舉動。雖極自由。然不免爲欲望與天性所拘制。

譬我欲食所嗜之物。雖從其心所欲。然有欲養生之天性。故有礙衛生之品。先自禁節。又有時事極快意。然於後日之生存。大有妨害。遂從所謂保存己身之性。慮將來之危險。而捨一時之快樂。此出於人情之自然。固不必强求者也。

故有此保存己身之天性。身體雖極自由。而爲天性所制。實祇於一定之範圍。得身體之自由而已。又人有社會性。其與朋友交之情。與欲保己身之性無異。有時圖一人之快樂。或恐招朋友之謗。或失朋友之義。遂制節其嗜欲。以厚交情。此亦天性之用有以制之也。

孟子曰。辭讓之心。爲禮之端。所謂權利義務者。亦不外由此而起。權利義務云者。本法律上所用之詞。然道德上亦往往用之。於道德上而用法律之語者。蓋其本固與法律思想而發達者也。先明法律思想。則倫理思想。亦自瞭然矣。

所謂權利者何也。此雖無形存於吾人精神之中。然亦非一人思想造作而出。實爲萬民所共有。故卽謂爲有生之契約。亦無不可。權利與義務。兩者不可分離。甲對乙苟有權利。乙對甲卽有義務。如上下之相關。東西之相屬。有其一必有其二者也。權利者實於不昧本能。不背法律。不反人情。而實行我心所欲之範圍也。我所有。物我有自由使用之權利。卽他人於我之所有物。有不可侵犯之義務。苟有人於此。於我所有之物。不經我之許諾。妄自使用。漫爲消費。是人卽侵我權利。我得指彼爲犯人。如有甲乙於此。甲以一日若干之工金而僱乙。乙爲甲所僱。卽甲有使乙之權利。而乙卽有服甲命令之義務。由此而推。又乙對甲有請求工金之權利。甲對乙有授與俸給之義務。此個人相互之間。權利義務之所以起也。

權利義務之關係如斯。法律家分爲物權人權兩種。指物權爲普通權利。是個人對於社會全體之權利也。如自己之身體財產名譽。不經本人之承諾。則不許他人之干涉。是爲個人對社會之特權。社會全體。卽於其身體財產名譽。有不能漫加損害之義務。故隨意取用他人之物。或爭鬬而傷人。或揭發陰私。毀人名譽等。皆謂之侵人權利。於法律上倫理上皆認爲罪惡者也。

人權者個人與個人之間。由契約而生之權利義務也。如僱主與傭人。賣者與買者。此外一切契約。於履行契約之前。權利義務。必存夫兩者之間者也。此等權利義務。祇存夫互結契約之人。故謂爲特殊權利。

且權利又有公權私權之別。公權者卽爲國家與人民之權利。如政府對人民。或事出於不得已。命其搬移家屋。或命其割財產之一部。以供要需等。及人民對政府要求其保護等。皆謂之公權。私權者存夫個人與個人之間。其中有物權人權。如財產法之權利。則爲物權。要求其無負契約。則爲人權。

權利義務之區別。既如上述。雖皆爲法律上之事。然應用於道德上。理亦相通。如子之對親。有服從及保護之義務。於朋友則有以信相交之義務。於國民全體。則有公益之義務。於東洋之道德。無所謂權利義務思想。祇以人所應爲之事。獎勵其實行。西洋之道德。上古時本與東洋無異。及至中古。被羅馬法之影響。應用法律思想於道德。於法律上所謂權利義務之語。亦用之於道德上。雖然。道德與法律相似之處雖多。或於一事以法律上之語。用之道德上之事。初無窒礙。然所謂權利義務者。有自外而迫其實行之勢。至道德之所以爲道德者。非自外而迫脅。乃自內部之思想。出於自然者。故不無斟酌於其間耳。

考案

一試舉制限吾人行爲之天性。

二權利與義務之關係如何。

三問物權與人權之別。

四問公權與私權之別。

五於倫理上可用權利義務之語否。

第二十六章　國家倫理　責任論

夫人爲萬物之靈。實有動物植物等所不能有之奧妙不可思議之靈性者也。其靈性之發現。或爲高等思想。或爲美術詩歌。或爲仁義道德。其意思要皆自由者也。

不觀夫天然物乎。其物有情性。欲使之動。則無時或息。欲使之止。則便卽停留。斷無自由運動之理。此研究物理學者所共知也。至於植物則雖自內有發生之力。而於外無運用之能。若動物則雖由內部之衝動。而或飛或走或跳或舞。然自心理學考之。則其運動皆有一定之法則。故其求食而動。則只由取之之一念。見敵而逃。則只由恐怖之一念。初無操縱作用於其間也。

然人類之運動。及所以運動之精神。則極複雜。非他人所能豫知。一切舉動。非被制於外部之事情。皆由思想自由內部之決心而出。故因其思想行爲而生結果。其結果之善與不善。卽爲其人之功與過所由分。功過之所存。卽爲其人之責任。今有人於此。從他人之命令而建築屋宇。然其建築之方法。只受之他人。非其所自出。故卽建築不得其宜。貽害住者。仍非其人之責任。乃命令者之責任。何則。命令者以自己自由之意思而繪爲圖說。使之建築。受令者祇實行他人之命令。非自由意思之行爲。故不任受其責也。

或於此而有技師。自以己意築一橋。開一路。其法不得其宜。致礙行人。是其責任。全在技師。然此技師。置若罔聞。不以爲意。其不重責任之結果。遂失社會之信用。此後之所言所行。必不見重於社會。卽於將來之社會。删削自己之勢力。而無以自立。

故人欲於社會上擴張勢力。則不可不維持自己之名譽與信用。然欲維持名譽信用。則必先自重責任始。故於自己心意所出之行爲。苟有利社會。則所有名譽。固居之不疑。否則當自任其責。力爲補救。不可妄爲推諉。如此方得爲社會之健全個人。及國家之健全國民也。

今自政治上言之。夫政體有種種。有君主獨裁。或貴族政治。或立憲政治。其詳雖非一言所能盡。今試就人民之責任與政體之關係。略爲說明。彼君主獨裁之制。國家爲君主私有物。君主之意思。卽爲國家之法律制度。故國家一切舉動。皆由君主之自由思想而發。人民則祇聽君主之命令而實行。其事之得宜與否。全爲君主一身之責任。非人民之責任。故於獨裁政體。凡事關國家者。人民實立於全無責任之地者也。

於貴族政體。非以君主之自由思想而統治國家。其權常在一二之貴族。故國家行爲之責任。不在君主。不歸人民。祇在有全權之貴族而已。

至立憲政體。則萬事皆本憲法。故其法律與政府。其所出之意思。非自君主。又非貴族。全自國民而出。其政府之施行法律。實不過實行國民所出之意思。一如建築者實行繪圖者之意思。其得宜與否。責任不在建築者。而在繪圖者也。故立憲國之國民。其言論不苟。苟有意見。必求所以實行。蓋其言論卽爲法律。一爲法律。全國所關也。

考案

一人之所以異於動物者何如。

二責任與自由意思之關係若何。

三請言國家行爲之責任與政體之關係。

第二十七章　國家倫理　國際倫理

一國民對他國民之關係。恰如一家族對他家族。故一國與他國之間。其倫理之存。亦如個人與個人。但個人與個人之間。人情互有交通。故有倫理亦大發達。然國家與國家之間。交通有限。故其發達。亦頗遲緩。此理勢所迫。有以致此也。觀之西洋。於希臘極盛時代。個人之倫理。燦然大備。至國民與國民之倫理。殆無聞焉。至於東洋倫理。觀其四海之內。皆兄弟也之語。則個人之倫理。固無俟言。即於異人種之間。亦如有倫理之存在。而不知其所謂四海者。非如今日之所謂世界萬國也。故不問何國。當古代時。皆以本國爲神聖。目異種之人。或名野蠻。或名夷狄。殘忍殺戮。殆無所謂道德者。然人情漸熟。謂其人種雖異。而其爲人類則同。復以交際漸繁。熟知人情之相去。大抵不遠。於是國家與國家之間。遂至有國際法之觀念。

國際法者。非如國法之由立法部決議而施行者也。實不外國家與國家。以相互之承諾。而生倫理之一種。譬於此有一强國。擴張權力壓迫他國。彼有關係之各國。聯合而遏抑之。以防其一國併吞數國之患。於國際上謂之權力平均。此雖非明定法律。然現今之强國。互相承認。則背此規則者。必爲他國所不許也。

觀今日國際上之道德。亦漸有發達之機。如萬國和平會議。欲全廢戰爭。及國際之爭論。欲以協議而決斷等。雖於國際上未得信用。然其方法。亦有力除慘酷之勢。如赤十字會之設於各國。及禁用毒烟火藥等。皆其明效大驗也。

更自實用上言之。如科學之智識。工藝之機械。及文學法律平準之學理。雖其應用之處。因國而少異。然至智識器械。則萬國可準。故於一國民所發明之事。公之萬國。使咸得採用。絕無芥蒂於其間。故思想之交換。及發明品之交換。益加親密。有使人類全體。成一家族之勢。

考案

一個人倫理。與國際倫理之相異何如。

二問國際法之性質。

三試推論國際倫理之將來。

第二十八章　國家倫理　人類全體與國家之關係

凡人有生而後。必附屬於一國家。生於中國則爲中國人。生於英國則爲英國人。生於日本。則爲日本人。藉其國之保護。以生以長。受國家之恩既厚。固不可不爲將來獨立之一國民。盡力於其國。以爲報酬也。

現今日世界之大勢。凡號稱一國。必有主權者。主權者固不可從屬他國。必獨立不羈。乃可稱爲獨立國。今日世界之獨立國。皆有同等之權利。互謀權利之擴張。故今日之所謂一國民。一國家。一團體。皆日謀其國之興盛。時有害他國以利本國之事。以此而比之個人倫理。其道德之觀念。非獨未嘗發達。殆與野蠻人之道德。初無以異。

其競爭權利時。雖弱肉强食。殆全無道德之心。然至個人之交際。則互相親睦。揖讓握手。殆忌英人美人德人日本人中國人之區別。至於學問亦然。德國所發明之學理。直應用之美國。美國所發明之機械。直應用之歐洲。日本之美術。英人美人。亦大讚賞。於國民之界限。殆爲相忌。由此言之。人雖有同情。而國有界限。故國界既分則求所以增加本國之利益。擴張本國之獨立權者。謂爲人類進化之一階級。亦無不可。凡爲今日之人類。居今日之國家。一意專心謀國家之繁榮。以助人類之進化。卽爲正道。此國家主義。所由來也。

雖然。所謂國家人類世界者。其名雖殊。其物則一。聚地球上之人類。合而成一大國家。一大國民。俱未可必。但至何時而始見。則以今日之知識。固未可豫决耳。

考案

一　今日國民之要務何如。

二將來人類合而成一大國民。試演其義。

第二十九章　國家倫理　政府與人民之關係

凡立一國。必有治者與被治者。其治之之法不同。遂或爲君主獨裁政體。或爲貴族政體。或爲立憲政體。或爲共和政體。日本者立憲政體之國也。以憲法而統治全國。上自國君。下至人民。皆從其憲法之所定。各守其分界。而盡其義務者也。然雖同是憲法。或爲欽定。或爲民定。或爲君民同定。釐然各異。日本之憲法。卽自人民而制定。請國王之許諾者也。至施行政治之所。則分立法部。行政部。司法部。加以兵馬權。實爲國家之四大權。立法部者。爲制定法律之所。自貴族及庶民兩議院而成之國會是也。貴族院之議員。一由皇帝之勅撰。一由貴族之互撰。一自多額納稅者之中而撰出。至庶民院之議員。則自代表國民之代議士而成。此兩院者。卽代表國民各種人物之集合處也。於此而議定法律。凡經兩議院之決議。卽視爲全國人民之意向。由是奏之國王。卽有法律之効力。然法律雖有効力。苟無使用之者。則法律仍與空文無異。故有行政政府以實行之。

行政政府者。即普通所謂政府。其最高等之府即云內閣。內閣者自總理大臣。及各務大臣而成。於內閣而議國家行政之事。及議實行法律之法。以命之各省。使各省分司國家之政務。此外復有樞密院。此院者卽爲皇帝之顧問官。而議各種重要之事者也。

司法省者。專司法律之實行者也。法律本極複雜。非專門之法律家。未易解釋其意義。故於司法省之內。有裁判所。控訴院。大審院等。各法官者解釋各種法律。使不相矛盾。且使其無舞文曲法。而使其實行者也。

由是觀之。政府之所以治其人民者。皆依法律。然法律者。從人民之意見以制定。畢竟人民者。以自己之意向。而管理自己者也。此之謂自治之民。

故政治之善與不善。雖與行政官之賢否。少有關係。然其大本。則全国人民意向之如何。而爲上下者也。故一切人民。當深通現時政治之事情。或自爲論議。或舉已所信用之代議士。以圖改良。以求進步。不然、非獨自負責任。抑亦戕賊國家生命之大罪惡也。

考案

一請說憲法成立之差別。

二自治之民者何也。

第三十章　國家倫理　人民階級論

凡國民必有各種階級。如日本維新以前則立士農工商之別。迨後廢此制度。分華族士族平民三級。於華族之中。又分爲公侯伯子男五爵。卽英國德國莫不皆然。獨至美國所謂平等主義。無此階級。卽或爲大統領。或爲國會議員。然罷職而後。又復平民。又中國則以科舉取士。布衣可致公卿。雖其間有世襲恩蔭等。然究其實仍無階級之別也。

階級之生。原有兩種。第一爲政府所制定。分人民爲數等。如士農工商之別是也。

此種階級。以人力而强爲區別。決非文明國之行爲。一爲自然發達之階級。如貴族平民之別是也。貴族之起原。凡於有勳勞於國者。與以爵位。復加恩推愛。及其子孫。使相傳勿替。此貴族之階級所由生。如貴族平民之別。將來之社會。不得而知。然考之今日。及歷史之結果。固不可驟廢。卽欲改良。亦當求一適當之法。逐漸以轉移之也。

此外更於社會發達上。勢有必至者。卽富者與貧者之別是也。凡實業之益盛。資本家愈爲資本家。勞働者更爲勞働者。富者益富。貧者益貧。觀今日歐美貧富之懸絕。可爲寒心。雖社會學者。日講防禦之策。或欲以實業之機關。置之國家監督之下。務使平均。（即今日所謂國家社會主義）或欲結勞働之會。以抵抗資本家種種方法。究未得一切實可行之策也。

貧富懸絕之害。由社會上逐漸延於政治上。蓋考社會實際。及歷史發達。富者常位上流。貧者恒居下流。然富者未必盡爲善人。咸爲智士。然以富於財産之故。一國之政治敎育及一切事務至爲其所左右。卽國家之運命係於若輩之手。故於國家制度不可不設優待智者之法。使大權不至全歸富者之手方爲無弊也。

考案

一國民階級之起原如何。

二試論貧富懸絕之害。

第三十一章　國家倫理　所謂國民之觀念

國民者卽住於一國之內戴一政府之團體也。然非謂成一團體便爲國民。必經數百年或數千年之發達。及其歷史之遺傳。乃始結成。譬如日本人住居日本郡島其種族大約相同。卽有異種。亦同化之而爲同族。及同一言語。同一風俗。發達數千年。始得謂之國民。至歐洲則異種族之人類所集合之處。故其中之國民。或自比較上稍同一之種族而成一國民者。或雖自異種族而成。然歲月旣久。遂化而爲一種族者。或種族互異。始終不能同化者。如斯國民。雖住居於一政府之下。然以異種族之故。動生衝突。國家時有分裂之虞。故歐洲學者。謂今日文明益進。國家與國家之競爭當可少減。而種族與種族之間。其競爭當益劇烈云。

由此觀之。所謂國民者。固須團結於一政府之下。然必同一種族。相爲團結者。方爲鞏固。蓋種族一異。則言語風俗。必不相同。言語風俗。苟不相同。利害思想。亦必互異。利於此族者。不利於彼族。勢必紛爭。紛爭之極。必相排斥。排斥之念一生。雖有極賢明極聰慧之政治家。以調和於其間。不至分裂不止。一讀世界之歷史。當恍然於其故矣。

考案

一國民者如何而成立乎。

二種族與國民之關係。

中等敎育倫理學前編終

中等教育倫理學後編

日本 元良勇次郎 著
順德 麥鼎華公立 譯

第三十二章 思想倫理 生存競爭與德義之關係

吾人之生存斯世。以求衣食爲第一要義。次之則相集而成社會。故人於衣食住三者。苟不感缺乏。必以互守禮義交相往來。爲無上之快樂。然苟貧乏迫於饑寒。則反乎人情。放棄禮節。甚至爭奪相殺。以爲人患。事所不免。此社會全體之狀態。亦卽吾人所當留意者也。

凡有生命。必有保存生命之性。故各於一定之範圍。盡力之所及。防敵以避害。求食以存生。此生物學之通則也。人亦爲生物之一種。故亦不能出此通則之外。但古代之人類尚少。土地廣漠。各維持其生命。尚非困難。至人類漸繁。土地漸狹。食

中等教育倫理學後編　二

物漸覺缺乏費多量之勞苦。始得自存。故或恃武力侵奪他人。以保自己之生命。勢所必至。於是互生衝突。卒至競爭。此生存競爭之所以起也。使人類僅有衣食住之欲望。無他種之欲望。則弱肉强食。弱者立卽滅亡。惟人類非獨以衣食住爲滿足欲望。此外更有交際之欲望。名譽之欲望等。故於衣食住苟適其度。必轉欲望之方向。以求滿足社會上之欲望。故非獨不侵害他人。且求與衆樂之之法。於是聖人爲之制爲禮法。或說仁義。或言道德。蓋一則所以防人心之澆漓。一則所以求人情之發達者也。

然古昔時。無今日吾人所謂社會之觀念。故所言論。半皆私德。於公德極少發揮。夫吾人之所謂社會者。非只多數人類之集合。實成一有生機體。其消長興廢。全視乎個人之生活。及政治教育商工業等之舉動以爲衡。故私德固屬握要。然於助社會進化之所謂公德。實不可缺。公德之基礎爲何。卽增加社會之幸福是。然則生存競爭。固人類所不免。爲求衣食住。所謂個人之競爭者。只强弱之競爭。

然於國家成立之後。凡一切競爭。非祇爭强弱。必以國家永遠之利害爲標準。而爲競爭。故於政治上有意見之競爭。國與國之間有國際之競爭力制利己之競爭。勉求爲國之競爭。此之謂公德。

考案

一問生存競爭之起原。

二所謂公德者何。

第三十三章　思想倫理　保存自己之理法及其限制

避禍就福者爲生物之本能。草木之生長。動物之增殖。人類社會之發達。莫不由此原動力而生。故自保存生命之性。遂發而爲有利則取。有害則捨之理法。然氣候風土。於生物之長成。大有關係。彼助其生長者。固無待言。至妨其生長。則必力爲抵抗。以保其生命。故有抵抗之力者則繁興。否則滅亡。優者勝而劣者敗。是之謂自然陶汰。更生物之間。互相競爭。强者壓抑弱者。强者益孳乳而繁多。弱者漸衰萎而消滅。此又進化之原則也。

考之世界歷史。人類亦與一切生物等。同循優勝劣敗之理法。而爲文明之進化。然下等動物之進化。與人類社會之進化。其間不無差異。彼下等動物。乏組織團體之本能。只各爲競爭。不相聯屬。至人類則數人相集。便成團體。故其競爭生存。非一人與一人之競爭。乃團體與團體之競爭。團體之競爭。則以同種族者爲最強固之團體。故觀今日世界大勢。有最大勢力之競爭者。卽爲人種同異之競爭也。

人苟不有保全生命之本能。則不能爲社會之一人。而適於生存。蓋社會自利害而論。無容此人之餘地。然人苟祇知保全一身。不顧他人之利害。勢必孤立無助。亦不過爲社會之一人。故保全自己之本能。與結合社會之本能。於實際上必至互相混合。然世人動謂兩者實相矛盾。何不思之甚耶。

夫下等動物之利害。本極簡單。不外求食求牝牡及避敵數事。至人類則利害複雜。不可枚舉。更文明之進步。吾人之欲望。愈益增加。故下等動物。只就一二之利害而衝突。故時出全力而抵抗。或賭生命而競爭。至人類則於此之利害。雖有衝突。然於彼之利害。究可相容。故出全力賭生命之競爭。未開時代。其例雖不少。然至文明之世。此風漸已消滅。故小而名譽財力之競爭。大至國力消長之競爭。莫不因彼此利害有可相容。卒至結合。蓋結合之勢力。比之因衝突而分離之勢力常大。故至此也。是保全自己之本能與結合社會之本能。何常不兩立哉。由此言之。人類之生存。雖以保全自己爲原動力。然苟與他人之利害互相衝突。不可不求可以相容。且人爲社會動物。個人與個人之競爭。害多而利少。必爲有關團體之競爭。方爲適理也。

考案

一下等動物之競爭。與人類之競爭。試舉其差異。

二保存自己之本能。與結合社會之本能。究能兩立否。

第三十四章　思想倫理　勤勞與安息之關係

人者身體與精神相聯合而成者也。故欲爲有用之人。當於兩者並求其發達。況精神之作用。時被左右於身體。故不可不先求身體之健康。然欲身體之健康。當求適夫健康之法度。譬勞働必繼以疲勞。而疲勞不可不繼以安息。故於一生涯中以三分一之時日而睡眠。皆爲回復疲勞之用。由是勞働與睡眠。循環交代。身體之健全。乃始可保。

夫只有睡眠。仍不能回復身體之疲勞也。何則。精神之疲勞。非睡眠可得回復。必須休養性靈。舒散鬱抑。乃能有效。如從事學問者。捐棄學事。或散策郊野。怡情花草。務忘平日所從事之業務。乃爲精神之安息。然人性各有所僻。有惰怠之性質者。則僻於怠惰。有勤勉之性質者。則僻於勤勉。故爲學生者。當勤勉時。自須專心一志。潛心學事。然勤勉之時既畢。當卽各適其適。從所其好。藉外界之景物。以活潑其精神。

故一日之中。必以二時許。爲安息精神之用。如現今風俗。以來復日而休業。蓋以每日之安息爲不足。更於七日之間。以一日爲休日。且四季之時候不同。長夏炎天。苦人最甚。故當夏令。擇一最暑之月。全輟學事。或轉地海濱。或匿迹山野。各依其適當之法。以謀身體與精神之健全。彼祗耽學問之益。全忘身體之害者。學生中不乏其人。蓋謂其爲人多暇日。其過人不遠。遂欲以一年之力。而勝人數年之功。不知人生精力有限。得於此則失之彼。其苦學數年。或有過人之處。然數年之後。精神衰弱。身體殘乏。昔之所以先人者。今反居人後。且一蹶不振。盡廢前功。可不愼耶。

故勤勉與安息。一如勞働與睡眠之關係。兩者固不可偏廢。然東洋思想。只知勤學之益。不知過勤之害。輕視身體。重視精神。不知精神雖極勇往。然魄力不足以副之。則一切熱望。徒屬空想。終無達其目的之一日。此歐洲教育分德育智育體育之三門所由來也。

考案

一精神之疲勞如何。乃可回復乎。

二過度之勤勉。目前結果。及後日結果如何。

第三十五章　思想倫理　自愛及愛人之關係

苟生存社會中。爲社會之一人。則不可不明人與己之關係。蓋人不能孤立無耦。故必有相互之關係。或先人而後己。或先己而後人。或彼我可爲同等。咸有分寸於其間。然或謂凡事當爲人而忌己。此不過極端之論。不可爲訓。自大體而言。仍以愛己愛人。爲普通之道德。

人爲社會之動物。卽人無朋友。不能生存。苟無朋友。一如食物之缺乏。無以保其生命。夫吾人生而卽有朋友。故不覺其可貴。一如有生之初卽呼吸空氣。以全生命。殆忌空氣之握要。直不置意。唯至空氣不通。呼吸極苦之時。卽覺空氣之可貴。

人之於朋友亦然。人苟被繫獄中。或流放孤島時。寂寞愁鬱。卽覺獨居之慘。而思朋友之難忘。故自己與他人。其間決不可過存區別。有我之身體。乃得全我生命。亦有與我相對之朋友。我之生命乃始保全。是朋友與己。其形雖分其體則一。必互相輔助。交相利益。始得完人己之關係者也。

理既如斯。今自社會上。或國家上而觀。則我與彼皆爲社會中之一人。恰如兄弟之成長於父母膝下。對親而言其間不可無兄弟之別。爲兄者有兄之本分。卽有對之之權利。爲弟者亦有弟之責任。卽有事兄之義務。相互之間。既有區別。則兄之對弟。雖不必先弟而後己。而兄自有兄之本分。弟雖先兄而後己。是亦不過自守本分。由此推之。國家組織。亦當各視自己之職業。而或先或後。身負重任者。其義務亦重。其義務輕者。責任亦少。要皆因夫自己對國家之位置。以爲自處。斯爲至當耳。

今試捨公事而論私交。又不可無多少之差別。夫卽公事而言。則有上下前後輕重之別。若言私交。則彼我之間。自無甲乙之殊。皆爲平等。然人有能有不能。或有富於德望。或有富於智慧。或有長於技術。或有拙於機謀。有富貴貧賤之殊。有老幼男女之別。此交際上又不能不生區別者也。使人皆慢傲。固屬惡德。然人過謙遜。不問何事。皆先人而後己。是其人不能利用自己之材能。却讓之比己遙劣之人。非獨不能盡己之義務。即社會上受其禍害。亦不少也。

東洋之倫理。則以謙遜爲主。於自己之思想。則謂愚案。於自己之言論。則謂愚說。此雖爲美德。然過於謙遜。却有負義務。故苟有適己技能之處。自當出而任其責。以謀公益。蓋此非於團體而誇己之所長。實己爲團體而有所盡力也。

考案

一朋友之關係如何。

二請論過於謙遜之弊。

第三十六章　思想倫理　職業之選擇

人心之不同。一如其面。故有所偏頗。或有所缺乏。必以教育而少補其缺。此教育之所以可貴也。然欲以同一教育之型模。而鑄同一之人類。則又難甚。何則。人各有天生之氣質。氣質爲何。如其人性雖活潑。勇於任事。然勇往之氣。不能持久。心理學者謂此爲多血質。又或性非活潑。然剛毅持重。百折不撓者。謂之膽汁質。又或持論甚堅。百變不易者。謂之氣鬱性。或毫無定見。游移無主者。謂之質液質。此雖概論兒童之氣質。今以此氣質分爲數期。兒童之時期。有傾於多血粘之勢。靑年則傾於膽汁質。壯年則傾於氣鬱性。老年則傾於粘液質。更進而論精神之傾向。有適於研究物理之人。好窮理窟窟學者是也。有富於臨機應變之人。如精於賣買之商業家。工於應對之外交家是也。有想像力極富之人。如畫工之表想像於繪畫。文人之顯思想於文章等是也。有精研數理之人。如土木機械學之技師是也。精神之傾向。非必偏於一種。然大約言之。或偏於學理上。或偏於實際上。或偏於文學之事。或偏於土木機械等之事。是人性之所不免。故有教育兒童之責。固當留意於所傾向。即青年之士。亦不可不善觀己之傾向。以撰擇一生之職業。

然世人動欲以同一型模。鑄同一之人類。或其親爲商業。以其子不適於商業。直目爲至愚。或文學者以其子不適於文學。直認爲精神之薄弱。不知人各有能有不能。故爲父兄者固當察其子弟性之所近。及其才之所長。務發達而利用之。青年之撰擇職業。亦當如是。蓋決定性質之適宜與否。卽其事之成功與否。已半定於此時矣。

雖然。目能視人於千里之外。不能見己之眉睫。如醫生工於醫人。往往不能自醫。彼精神發達已久者。尚復如此。況於血氣未定。精神尚稚之青年。何能以己之精神。而判己之職業哉。故職業之撰擇。當質之父兄。求之朋友。考之師長。以定其方向。深思熟慮。乃始可定畢生之事業。然青年之心。恒被蠹於雲霧。有各種之欲望。又有求名之情慾。情慾者卽迷其撰擇目的之雲霧也。如見軍人之盛服。及其風采之活潑。卽思己若爲軍人。感若何之愉快。生爲男子。不可不以軍人而送其生涯。於是心一感觸。不暇計其所長所短。而起爲軍人之決心。幸其人有適於軍人之性質。尚無大害。苟其不適。則爲文學家。或爲政治家。可爲第一等之人物。然爲軍人。比之下卒。有所不逮。以一念之差。卽誤一生之業。可不愼耶。

今又有青年於此。性極聰穎。凡作一事。優過於人。然彼自恃聰明。或盡力於彼事。或研究此事。其所作爲。卽時被人之稱賞。然其結果。比之尋常人則有餘。比之專門之士。則瞠乎若後。卒無一藝。足以卓絕人羣者。此又以精神之誤用。至負天賦之特質。不大可惜歟。

今日之社會。有日趨複雜之勢。且分業盛行。苟不擅專門。未易立於競爭場裏。然專門之學。以普通學爲其基礎。故不通普通學。不能遽入專門之域。彼濫用知識。卒無所成者。固屬可憂。然徒求專門。闇於普通知識者。亦恐其兩無所得也。

考案

一精神傾向之差異。於其職業之結果何如。

二試說不善擇職業之害。

三軍人則笑文人爲文弱。文人則鄙軍人乏思想，動輒相輕。蓋不論彼等之行爲。

第三十七章　思想倫理　知與行之關係

古來說知與行合一者。於知與行。非自然合一之理。及知行雖有離隔之傾向。然可以人力使之合一之理。未及詳說，故使知行合一之法。則第一須知識明瞭而完備。知識苟不明瞭。如胃中之食物。不能消化。必至害心之健害。且僅知事理之一端。而不知全體。常生誤解。或來反對之結果。第二欲熟知一事。不可以知一事而足。必明各種之關係。譬欲研究名譽之性質。不獨於心理上及社會上。考求名譽之爲何物。必將名譽之與一身上利害之關係如何。名譽之在社會上。有如何影響。與教育之關係如何。如何則爲虛名。必逐一研究。始與思想以活動力。而制一切之行爲也。第三於可實行之想像。與不可實行之想像。須區別淸楚。如詩人畫家等之想像。其發念之始。非求其實行。至關於政治道德等。則必以實行爲目的。故凡以實行爲目的之事。盡力之所能及。以芟除空想。專求實際爲主力行既久。漸變更習慣而思想之方向。與行爲之方向。並行而不相悖矣。第四可破除舊時習慣。凡人生長於種種境遇之中。或生於幸福之境遇。或生於不幸之境遇。境遇雖不同。然其所以受無形習慣之縛束則一。習慣之勢力頗强。雖賢者未易出其範圍之外。故非破壞一切舊習。於修身上極有妨礙。基督教謂此爲改生。佛教則謂爲悟。哲學家則謂爲新生命。要皆所以袪疑惑而求眞理者也。由此言之。知行非自然可以合一。必費幾許之工夫及若干之勤勉。乃漸達其目的。行之固艱。知之蓋亦非易易也。

考案

一古人所謂知行合一之說如何。

二知行如何方可合一。

第三十八章　思想倫理　欲望論

蓋人生而有欲。大別之則爲性欲與欲望之兩種。性欲者由身體中而發現者也。卽謂之肉欲。亦無不可。欲望者則發於精神上者也。性欲者於身體之生存。殆不可缺。人苟無性欲。卽失身體之健。全然苟無節制。不適其度。則爲縱欲敗度。至精神上之欲望。如名譽之欲。快樂之欲。知識事物之欲。使役他人之欲等是也。此等欲望。非必兩立。或遇求快樂時。則失名譽。知識或不能擴張。或汲汲求名譽則有時犧牲身體之快樂。故仍須互相調和。力求適度之法也。

欲者人生所不免。故苟不與他人衝突。當求所以發達之。然古來宗敎上時以絕欲爲目的。或粗食或不娶等。以絕欲爲人生高尙之事。至其結果。却使人陷於卑劣怠惰。殊乏進取之氣象。夫未開時代。人之欲望。動失節度。雖犯他人之權利。有所弗恤。其弊至爭奪相殺。以爲人患。故此時代。不可不求所以壓制之。此時之倫理。謂之壓制倫理。雖然、文明漸啓。各人欲望。皆有日趨高尙之勢。如好秩序之欲望。與人共樂之欲望等。皆是。好秩序之欲望。卽爲法律之本。共樂之欲望。卽爲博

愛慈善之用也，

欲望既已發達。彼壓制倫理不適於用。故非獨不取壓制手段。却獎勵高尚欲望。使與其他之欲望互相發達。使各懷一大欲望以求滿足之道。社會之進步人類之進化，胥在是矣。

考案

一 欲望之區別如何。

二 絕欲之說，於今日之社會有可取否。

第三十九章 思想倫理 節儉與奢侈

人之初生。皆依父母貧富之程度以爲生活。故或生長於富豪之家。或長成於貧困之域。此自然之理。欲執而怨天之不均。憤天之不平。天不任其咎也。在佛教則言果因。謂積德於生前者。現世受其報。前世有惡業者。現世受其罰。然論境遇之幸與不幸。在倫理範圍之外。倫理學者。只就已達丁年之人。離父母而爲生計。有獨立之力者而論究之可。

故人既爲獨立之生活。則才可致富者。其所費必多。庸碌無能者。則不得不力守儉約。由此言之。則雖奢侈揮霍。亦不外自食其力。非他人所得容喙。然細考之。却有大謬不然者。何則、人之費用。約分三種。第一爲生活上不可少之費。如衣食住等是也。平準上指此物品。謂爲必要品。第二爲適宜之費用。此等費用。雖非生活上所必需。然於社會上。欲維持其體面。及博他人之信用而用之者。如同是衣食。則求滋養品。同是家屋。則求畧爲美觀。頗爲適體之品是也。此二者皆爲有限之費。第三卽揮霍奢侈是也。揮霍奢侈。則無所限制。觀之古史。不乏其例。如紂王之酒池肉林。石崇之以蠟代薪。以錫沃盥。又羅馬王之一皇后。每日以牛乳而浴體等。此等之事。非爲强健身體。又非爲發達智識。不過欲極一時之樂。快一時之意而已。

自平準學上而論。其論則分兩派。一則謂奢侈者。所以獎勵實業。一則謂以奢侈獎勵實業。實偶然之事。獎勵實業。自有各種之方法。此書雖非以研究平準學爲目的。然余亦謂奢侈雖可爲獎勵實業之道。然不得謂爲獎勵實業不可少之術。考之實際。奢侈一事。有惰人精神。阻人進取之勢。於社會發達。誠爲有害。觀羅馬之末路。可知其概。故雖以已之材力而得之金錢。然消徒費於奢侈。近於身體上。則有衰餒志氣之虞。遠於社會上。則有紊亂風俗之恐。終未見其可也。人之蓄積財產。決非以消費於奢侈上爲目的。必於社會上爲有用之費。方得其道。且節儉者。非必視錢如命。寧忍貧困之謂。其意蓋謂用所當用。省無益之費。留爲國家有用之需者也。國家之事業。不暇枚舉。如教育事業。慈善事業。研究學理事業等。非直接爲國家之急務。故往往有置爲後圖之勢。不知慈善事業。及學理研究事業。隱助國家之進步。實大與有力。故富於財產者。合力捐輸。以成美舉。實爲國家莫大之益。彼歐美之財產家。平生貯蓄鉅富。臨終之時。捐數百萬之金。建一大學校。以發明新奇之學理。或建一大病院。救無數之貧病者。或設一大孤兒院。以助無告之孤兒。其例不乏。彼等者眞費財之好模範哉。

考案

一費用之法。約有幾種。能舉之歟。

二奢侈之不宜。其故何歟。

三請說節儉之意義。

第四十章　思想倫理　殘忍之情可去

吾人得生於文明之世。實爲莫大幸福。故不可不備文明人之資格。野蠻人與文明人之區別。其種類極多。然就一端而論。野蠻人之情。未能發達。故粗暴殘忍。不可言狀。彼時各種生物。及一般人類。殊乏同情。其殘殺生物。固無待言。即至同等之人類。苟不屬自己之部落者。時殺之以爲愉快。然世進文明。人類之同情。其範圍漸廣。由一家而及一族。由一族而及全國。如賣買奴隸一事。世界中文明各國。皆廢此制。蓋彼等身體之容貌。及其知識之程度。雖有所劣。然同賦形於天地。人之上無人。人之下無人。人情逐漸發達。遂於一切人類。至皆認爲同等。無所歧異。不寧惟是。卽於敵國。亦不徒以殺戮爲事。亦互表同情。如赤十字會之組織。不問何國士卒。苟失戰鬬力。有可哀憫之狀態者。力爲療治。以保其健全。人情發達之前途。正未有艾也。

凡兒童之初生。自幼時以達丁年。必經種種之時期。進化論之說。謂其所經之時期。恰如人類之經數千年而進化。自初始時期。而至文明發達之時期。其順序初無少異。故兒童極似未開化之人。其舉動粗暴。制裁極少。或泣或笑。或跳或舞。無一非徑情直遂之行爲。且不乏殘忍之性。如捕各種之動物。斷刖其手足。以樂其顚沛之狀。或戕賊其生命。以聽其呼號之聲。更或戲侮他童。以爲愉快。此人情之自然。勢所必發。爲父兄教師者。不可不因勢利導。力求善法。以消除其殘忍之性也。

昔羅馬有名爨弗賒打之場。此地實爲鬬爭之所。地之四圍。高張蓬廠。足容數千人。一至祭日。有使猛獸相鬬。或使牛與牛鬬。或於外國捕回之强力者。善養其身體。使極壯健。令與牛鬬。當此之時。聚觀如堵。舉國若狂。此實獎勵國民殘忍之性。誠不可爲訓者也。

故殘忍之性既廢。則不可無同情愛情。同情愛情者。社會結合之本源也。吾人自親子兄弟之關係。而及於國民。而及於世界人類。其間雖有差等。然愛情之不可缺則一。此博愛論之所以起也。由此推之。一切生物。亦當博愛。蓋一名生物。即有好生惡死之性。諺曰。一物雖微。亦有生命。彼妄爲殺戮者。盍一思反乎人情否耶。

考案

一野蠻人與文明人。情性差異之處如何。

二請論奴隸制度之非。

第四十一章　思想倫理　安心與懷疑心

人自幼齡以達丁年。其身體及精神。俱生各種之變化。自身體上言之。自十四五歲至十八九歲之間。其身體之構造。殆爲一變。於言語則有聲音之變。於味覺則有嗜好之變。故當斯時代。不可不力求養生。苟養生失其宜。其惡果卽及於畢生。不可不愼也。

非獨身體惟然。卽精神上亦生變化。如從前所見聞之事雖多。然認知之精神。頗爲單簡。故僅知覺外部已然之單簡事實。又或聞他人之言論。殆無疑難。卽信以爲然。當此之時。渾樸純全。殆無因外部之敎育及外界之境遇。以爲轉移。然至達成年之頃。少解事物之理。於從前所聞所見。發見種種之謬誤。遂於一切事物。其懷疑心。遂勃然欲發。如生於宗教家之左右時。聞神佛之事。有聽受而無問難。卽信而不疑。至此時期。遂生所謂神佛者果有與否之疑問。又時聞俗說。謂天地之自混沌剖來。又復生所謂渾沌者自何而來之疑問。由是智識漸進。經驗漸廣。是等之懷疑心。益爲發達。至自己之身如何而處世。亦不能自解。疑之又疑。心益迷惑。雖時有可以理解之事。終爲各種事情所蔽惑。茫然不知所措者。或爲一時之憤激。一刀兩斷。遽定畢生之職業。而貽後悔者。懷疑心之迷青年。雖如此其苦。然時期一過。雲霧俱空。反懷疑心而爲安心。反苦悶而爲愉快。故當懷疑心之勃發。決不可妄自決斷。或考之教師。或質之父兄朋友。思之思之。審擇周詳。乃有所獲也。

故謂懷疑爲進步之母。亦無不可。何則、必有懷疑之心。乃生研究之念。有研究之念。始得發明新事物。是以懷疑雖極苦惱。然苟不嘗此滋味。無以爲入德之門。懷疑之心既去。安心之時代卽來。然安心與滿心。頗易混淆。固不可不辨。

安心可也。滿心不可也。安心者雖未達其目的。然先定自己之職業。及從事職業之法。依法而行。其目的必有達之之一日。故不至徬徨歧路。手足無措。且職業既定。卽認爲自己之天職。復就己所職業之中。將閱歷經驗。求發明之以圖其進步者也。滿心者則器小之代表。偶有一得。沾沾自足。永無進步之一日。兩者之間。其幾甚微。失之毫釐。謬以千里矣。

自古偉人之大事業大理想大學問。無不因懷疑之故。絞腦漿。竭精神。始有所成就。凡人常居順境。不能判心力之强弱。必出遇逆境。乃能鍛鍊其精神。況社會之實際。逆境恒多。順境恒少。故青年之士。不可不善養其冒險進取之精神。語曰。不憤不啓。不悱不發。又曰。思之思之。鬼神通之。此之謂也。

考案

一請述吾人發達上身體及精神變化之狀態。

二懷疑心之効用如何。

三安心與滿心之區別如何。

第四十二章　思想倫理　養成反省之習慣

圍繞吾身者。皆境遇也。凡人必因夫所遭之境遇。以處吾身。故知身所處之境遇甚易。然心者不囿於境遇。變動不居者也。故知之極難。如以目而視。明雖足以察秋毫。然不能見己之眉睫。欲見其眉睫。非鏡不可。即有鏡矣。然欲知我目中之網膜。又非用各種之機械或自科學上而推論。則未易明其性質。考察吾心。亦復如是。

語曰吾日三省吾身。古代希臘則以『知自己』之語爲格言。於佛學則言見性。是皆所以除妄想。祛迷惑。見本來之面目而使之常惺惺者也。西洋之某詩人謂一切學問。無慮千百種。然最適於人之學問。則爲研究人一事。其意蓋謂就己之思想。及他人之行爲。廣爲研究。以明人類之性質。夫只就他人已然之事而爲研究。則不過自外部而推測其內部。欲研究其內部。非內自省。則無以研究精神之狀態也。

內省之事有二。一則將自己之地位。立於社會上若何。自己之才能。比較他人若何。凡與己有關係之事。莫不搜羅蒐集。以爲考證之助。一則將自己之所學問。其目的若何。自己之精神所注重若何。復從其影響之所及。與發達之傾向。從源竟委。纖悉靡遺。苟缺其一。極其量亦不過獨善其身。斷未可以兼善天下也。

且欲知人之性。不可不先知自己之性。能知自己之性。非獨可以知人。且有感化他人之力。佛教之所謂以心傳心也。夫人心之奥妙。非言語所能形容。可以言語形容者。實爲糟粕。故苟能見性。或見之行爲。或發之顏色。不問其舉動之如何。遂有莫大之感化力。如有道之士。其言論初非有新異之思想。其舉止非有震懾之行爲。而莫名其妙。卽令人肅然起敬。儼然人望而畏之者。將以問之被感之人。固不知其所以然。卽以質之感人之人。彼亦不知其何以致此也。然此習慣非一朝一夕之所能致。以養而成。以習而慣。苟不用力於此。則若泛無柁之舟。隨風潮以俱靡。簸蕩搖動。醉生夢死。可不懼耶。

考案

一試言佛家見性之義。

二內省之法若何。

第四十三章　思想倫理　嗜好論

吾人之精神其活動本極複雜。故一則謂天地間以人之精神爲最可寶貴。其活動之大目的。以利己爲主。不問何時何地。不可因他事而妨利己之目的。一則謂利己者。非人生之目的。事出於不得已。不可不犧牲一己之幸福。以爲他人。以爲國家。二者之論。有正反對之觀。然本章所論。則就前者之說。而明嗜好之性質。及其關係於精神全體者也。此事雖與普通所謂道德。少有所異。然相輔而行。則所以高尚人類之品格者。亦卽在是。

嗜好者見美麗而感愉快之謂。然美惡無定形。美者自美。吾不知其美。惡者自惡。吾不知其惡。甲之所謂美者。不能施之於乙。乙之所謂美者。不能施之於丙。故從各人之所好。而感爲美者。是謂其人之嗜好。此世人所以謂美非因物而定。美乃從人之嗜好而成者也。然考其實際。人之嗜好雖殊。亦自有一定之標準。縱非如度量權衡之確定。而從輿論之所傾向。遂莫能出其範圍。故有教育之責者。不可不擇一標準。養育各人之嗜好。而驅之使日進高尚也。

心理學者。分心之作用爲智情意三種。智者指知識想像判斷等之精神作用。情者喜怒哀樂等之現象。意者發心中之思想表之實行之作用。嗜好雖屬情之一種。然分心爲外部作用。與內部作用時。則嗜好又屬內部之作用。與知識德義之外部作用。相爲對立者也。德義者自行爲而論人心。知識則自行爲之方法而論。嗜好則自心所感覺而論。於理論上三者雖各相分。然考之實際。必三者相助。人之品格。乃得完全。譬其人知德俱備。然其嗜好猥瑣。自家屋身體之裝飾。至動作言語之禮法。皆絕不檢攝。則究不能謂爲品格完全之人。雖認如何之嗜好。方爲高尙。本無定則。然嗜好與德義。相爲輕重。固所當留意也。

古來之倫理學。重德義而輕嗜好者。非無其故。蓋德義爲實行的。嗜好爲娛樂的。亦未開之世。生存競爭。日不暇給。娛樂一事。無暇兼顧。故非獨不爲獎勵。且以爲奪志妨功。時有禁止之事。然世進文明。利用天然力之法既明，社會之生產力。亦漸加富。故以財產之餘裕。供若干之娛樂。視爲人生上不可少之事。徵歐洲之歷史。當可瞭然。故古來以儉樸爲德義中之要點。然國家之富源益豐。社會之生計必侈。故吾人苟不高尙其嗜好。撰擇娛樂之方法。其影響必及於國家與社會。蓋娛樂者雖爲獎勵人心之具。然亦腐敗人心之藥也。

故家屋之裝飾。衣服之趨尙。身體之舉動。言語之撰擇。雖在道德之外。然皆所以發表其人之嗜好。卽與其人之品性。極有關係者也。語曰巧言令色。鮮矣仁。又曰。服之不稱。爲身之災。鬼幽鬼躁。卽爲不壽之徵。趾高氣揚。是爲敗軍之兆。事有生於隱微。而輕於人之所忽者。修身者其知所愼歟。

考案

一　嗜好者。屬人心作用之某種乎。

二　嗜好者何故關於品性乎。

第四十四章　思想倫理　自由及其限制

自由權利之思想。至近世而始發達者也。誤解自由者。動謂隨我之所欲爲。他人不得干涉。不知自由者。自有一定之解釋。決非爲所欲爲。放任自然之謂也。夫人類相集而成一社會。苟各爲自由。則彼之自由與我之自由。固必互相衝突。使欲妨他人之自由以擴張一人之自由。是此之一人。則極自由。彼之一人則極不自由。故韓圖曰自由者有自由之法則。法則維何。卽組織社會之個人。皆有自由。惟限於不妨他人自由之範圍。始得使用我之自由。此卽自思之法則。故苟妨害他人之自由而擴張自己自由時。則我之自由亦必有被他人妨害之害。是自由非爲所欲爲之意可知。必從天然之法則。及社會之法則等。乃始得爲完全之自由者也。

考所謂自由之思想所由起。實自吾人意思。本爲自由。一念而生意思自由之說。近世之心理學。或倫理學。議論不一。此篇不暇具詳。然之所謂自由意思者。吾人所欲爲之事。無爲困難。無爲恐怖。無爲阻力而中止。苟不妨害他人之自由。雖如何困難。如何艱險。當求達其目的之謂也。故有一可爲之事。於此明知其可爲。或恐陷於困難。或恐他事之阻力。卒不能行其志。此卽謂放任己之自由。不得完其自由意思者也。

然則自由意思。苟不妨害他人。不論何事。果可任意爲之乎。卽自殺亦無不可乎。釋之曰。不然。自殺雖爲我之自由。無妨害他人自由之事。然既爲社會之一人。不完自己之本分。殺己與殺人。實同其罪惡者也。故西洋之某國。以自殺者視爲殺人犯。不許用常人之葬式。故自殺者考之德義。是謂自由之濫用。决不容於社會者也。

考案

一　請論誤解自由之弊。

二　韓圖之自由說如何。

第四十五章　思想倫理　改過論

自非聖人。不能無過。此過之所以勿憚改也。然自宗教上考之。古代風俗。與近世風俗。頗相懸殊。古代宗教。凡人於所犯之罪惡。欲求所以償之。須受種種之痛苦。以洗其罪惡。如印度有犯罪過者。數月或數年。粗衣惡食。兀然苦坐。直至身體衰弱。幾不能堪。遂以其痛苦之程度。爲洗自己之精神。又猶太教人有過時。不可不受惡報。譬誤潰他人之目。必潰己目以相償。傷他人之齒。必折己齒以相贖。及人智稍進。悟此等舉動。反乎人情。故其人罪惡雖多。苟能悔過自新。不必以罪償罪。此所謂既往不咎也。至近世對罪人之法。皆咎其過去之罪。寧問其將來之何如。故罪人咸有自新之路。惡不終惡。且慘酷之刑法。及殘酷之手段。亦可漸除。文明之賜。其利溥哉。

即私交上而論。亦當不念舊惡。苟其人偶有錯誤。即銜之切骨。時懷復讎。此實野蠻時代。極卑陋猥瑣之事。故須時懷惻隱。務使其人遷善改過。得以自新。苟能自新。則不問其從前所犯何罪。於交際上自復得其對等之權利者也。非獨他人爲然。即於自己。苟知其過。當視爲毒蛇猛虎。祛除殆盡。若恐他人之指摘。有損名譽徒自文飾。亦祇重益其過。於過曾無少補。語曰。過則勿憚改。又曰君子之過也。如日月之食焉。蓋非謂過之可恥。過而不改。斯爲可恥耳。

考案

一請言古代償罪之法。

二請言不念舊惡所以然之故。

第四十六章　思想倫理　道德之制裁

制裁原有數種。或爲法律之制裁。或爲自然之制裁。宗教之制裁。社會之制裁。道德之制裁。法律之制裁。於國家倫理。既已詳論。今有人於此。本嗜飲食。然以身體羸弱。因飲食不節。屢致疾病。後知病源之所在。大爲節戒。此謂之自然之制裁。或謂生前若爲惡事。死後必受神罰。故有所恐懼。不敢妄爲。此謂爲宗教之制裁。又或所爲之事。於他人與己。非有妨礙。然其舉動醜怪。令人嫌惡。於交際上極形不便。於是居中國者。從中國之風俗。而爲衣食住。居西洋者。從西洋之習慣。而爲衣食住。此謂爲社會之制裁。至道德之制裁。則譬爲一事。苟以虛語欺人。事當卽成。然反之良心有所不忍。故甯償事。仍以眞誠相待。此之謂道德之制裁。

夫道德之制裁。本非如法律社會之制裁。自外而相迫。存乎各人之心中。而莫可見者也。苟其人無此制裁。他人無從而干涉。是道德之制裁。本極虛漠。然自教育上而論。不問何人。無不有此制裁者。只或多或寡。因人而異。故教育者必求所以擴張而强固之。蓋道德之制裁。實察社會法律制裁之所不及察。必相待而始能爲完備之制裁者也。

世人咸知衣食住之握要。至道德之思想。則視爲緩圖。不知才能爲道德相輔而行。人祇有道德與不道德之兩途。萬無中立之理。苟不道德。雖有如何奇偉之才能。終失信用於社會。失社會之信用。是猶魚之失水。生物之失空氣。卽其體魄巍然尚存。亦不過僅保其生理上之生活。於社會上之生活。則已死也。道德者實爲社會之原動力者也。

道德者所以制裁一身之精神。而非所以求他人之傾聽者也。世嘗有以道德家。或宗教家自誇其道德心與宗教心之不健全者。固不足論。卽果眞實。然其自誇之一念。已非道德宗教之本旨矣。語曰。君子之道。闇然而日章。又曰、不患人之不己知。求爲可知。又基督教謂以右手施物於人。須令左手不知。觀此可以言道德矣。

考案

一問制裁之意義。及其種類。

二道德制裁之性質如何。

第四十七章　思想倫理　思想與實行之關係

古人有言。世界萬物。惟人最貴。人身之中。惟心爲尙。是心者人之所以爲人者也。雖然、心身相助。始得爲完全之人。卽思想與實行。兩者不可須臾離。此知行合一之說所由起也。然言非一端。義各有當。思想界與實行界。究有時可以相離而獨立者。請言其大略。以備一解。

吾人思想。有各種之想像。想像者不問實行與否。祇與人生之快與不快。大有關係。如詩歌美術音樂等。非祇爲娛耳悅目之具。蓋欲因其想像。使精神活潑。別生一種之愈快者也。此外科學上之智識。及哲學上之知識。亦然。如哲學者考察宇宙之眞理。研究萬物之大本。科學者探索物理。及天文地理等之事。彼發見學理。雖有時應用於實際。然人本有求智識之欲望。故發明眞理。於精神上便大感快樂。其初固不求其能實行與否者也。

如上所云。然只於一己之身求娛樂之法。故有貴重價值。此外不在此例。蓋精神之思想。仍藉實行其思想。乃始現於外界。世之學者。往往徒誇博覽。只於文字語言上穿鑿事物之理。不求實際之如何。是實智識之濫用。不足爲青年之模範。蓋學問有何可貴。只實行其學問。而建立事功。斯爲可貴耳。思想者不過爲實行之準備者也。

故自學問上而論。前者爲理論之學。後者爲應用之學。研究學理。則足助精神之愉快。考求實學。則足助社會之發達。然徒主應用而不求學理。固不可行。徒求學理。而不問應用與否。亦屬一偏之論。故欲完全其人格。於外部之行爲。固當檢攝。卽內部之思想。亦當涵養。若只研究行爲之規則。不求精神之活潑。是謂機械的人物。極其量亦不過爲最新式之機械。初不能自爲變化者矣。

考案

一　想像之價値如何。

二　一切學術。必應用於實際。始有價値。其說若何。盍批評之。

第四十八章　思想倫理　宗教與倫理之關係

或謂道德之外無宗教。或謂宗教者所以完全道德。然欲解此問題。必須先明倫理之爲何。與宗教之爲何。乃足論兩者之關係。夫倫理者。於社會組織上明人類相互之關係。卽爲人君止於仁。爲人父止於慈。爲人臣止於敬。爲人子止於孝等是也。宗教者明人之從天然之法則而生。從天然之法則而死。或稱神。或稱佛。或稱天。或稱宇宙之理法。以下種種之解釋。故謂倫理者爲社會的宗教者爲天然的。亦無不可。

夫宗教之中。有佛教。有回教。有基督教。宗教各不相同。卽一教之中。主義常相互異。卽如佛教。或謂宗教。或爲禪宗。殆正反對。且各教中高深之理論思想苟未發達。未易了解。如愛情然。苟未達成年。殊不知愛情爲何物。至倫理則不然。於事君之道。事親之道。處朋友兄弟之道。卽極幼稚之年齡。苟教訓之。必能領會一二。由此觀之。宗教與倫理。決非可混而爲一者也。

夫倫理與宗教有相助。亦有相反者。如古代之宗教。時有殺人以供神者。又於男女之道。或極猥褻者。其反夫人道者不少。是宗教與道德。本異其根源。然世進文明。反背倫理之宗教。逐漸消滅。其所云神云佛。皆本乎人情。以爲說教。遂至宗教而兼有倫理。至今日信佛教者之所言。得其眞與否。行基督教者之所說。得其當與否。則固未可豫决耳。

人旣達丁年而後必生宗教心。苟不撰一適當之宗教。極易陷於迷信。故宗教之得宜與否。一生之行爲。亦被其影響。得宜者藉以芟除妄念。提聳精神。否則一舉足。一跬步。動與倫理相衝突。致被擯於社會。可不愼耶。世非無宗教可廢之論。彼等見今日之所謂佛教耶教。又所謂佛教信徒。耶教信徒之如此卑陋幼稚。遂遽謂宗教之無關要旨。是何異因噎而廢食耶。

考案

一宗教與倫理之差異如何。

二請論宗教之可廢與否。

第四十九章　思想倫理　善惡之標準

倫理者所以勸善懲惡者也。然徒問何者爲善。何者爲惡。則害人則爲惡。助人則爲善。勤勉則爲善。怠惰則爲惡。理甚易明。似無容起善惡之質問。至考之哲學。古來學者。不一其說。或云適於宇宙之理則爲善。或云神之所命卽爲善。或云人情之所向則爲善。維持社會之安全則爲善。異說雖多。然大別之約爲二種。一則就人之行爲而論善惡。一則就人之思想而論善惡。前者卽普通之所謂修身學。其中亦分甲乙之兩途。甲者自行爲之結果。以有利世人者爲善。有害世人者爲惡。世之所謂實利論是也。乙則不問其結果之如何。其所行爲適於倫理法則者爲善。不適者卽爲惡。後者卽於思想界而定善惡之標準。其論與實利論大異。蓋彼者以世之利害爲本。此則以人之精神爲本。幸而各人皆有倫理思想。則舉社會而認爲善。不幸而人心各異。倫理思想。亦因之互殊。此之所謂善者。彼以爲不善。甲所認爲善者。乙則認爲惡。思想苟有衝突。非以教育之方法或以社會之制裁。固未易調和其思想也。

由此觀之。善惡之標準。一則求之精神上。一則求之利害上。兩說並存。必不能相容。將果存之精神之性質乎。抑存之世之利害乎。兩者必居其一。此等議論雖在倫理學研究之範圍。然非窮之心理學。社會學。哲學。未易決定。特將兩說並列於此。深願諸君。各因其已知之理。而益窮之以致乎其極。其或有所折衷歟。

考案

一試舉善惡標準之學說。

二完全善惡之標準。如何而始決定之乎。

第五十章　思想倫理　常道論

眞理本極單簡而平易。然世人動疑其幽遠高深。非常人之所能覺悟。何不思之甚哉。夫考求眞理。其方法雖極複雜。然眞理發明之後。夫人皆可了解。如達爾文之發見進化法則。雖其詳細。非專門家莫能問津。至其所謂自然陶汰生存競爭之眞理。則一說便明。又勢力不滅之法則。欲證明其如何。雖由深遠之學理。至其結果。卽乳臭小兒。亦可悟會。又如儒教之所謂仁。基督教之所謂愛。佛教之所謂慈悲。其條理雖極綿密。然其原理。則淺易近人。由是觀之。吾人處世之道。就思想而論。似極單簡。然當實行時。固又甚困難也。

何則、社會之事。或常或變。如春夏秋冬之代嬗。親子夫婦之情誼。固萬世不易者。然自邦國之互殊。時代之不同。或人情之變易。遂變易更移。不知底止。此於倫理上所以有常道與權道之別也。常道者爲社會之基礎。卽爲倫理之標準。如忠於君。孝於親等是也。權道者處變之道。驟觀之雖似反常道。然其結果卒與常道不相背馳。如舟之渡河。當水流不緩。舟向目的點。雖得依直線而進行。然波流迅速。必向上流而進行。始能達其目的點。直線進行者。常道也。向上流而進行。人之視舟。雖似違其目的。然與流勢相合。卒達彼岸者。權道也。以滋養品而衛生。常道也。然病之既發。服辛苦之藥品。或以毒消毒者。權道也。又男女授受不親。禮也。嫂溺援之以手者。權也。此權道與常道之別也。

考之歷史。太古人智未開。欲望單簡。且天然之賜多。而人口少。故皆得熙熙皞皞。以送其生涯。然人口既繁。競爭益烈。人遂自增加快樂之問題。移而研究避痛苦之問題。故行常道者逐漸減少。用權道者日益增加。至今日世界之大勢。則人智發達、以天然力而代人力。人口雖增。而供給益富。自學理之進步。機械之發明。蒸汽力電氣力等之應用。變古來之厭世主義。而爲樂天主義。權道有漸復常道之勢。卽萬國之風氣互殊。人情各異。亦不過權道之變化。至常道則放之東海而準。放之西海而準者也。

儒教之思想。追思堯舜之時代。務冀復古。然西洋之思想。想像將來之黃金時代。希望極奢。一則追懷過去。一則希望將來。兩者雖相反對。然其欲天下悉歸常道之目的則一。要之追懷過去者。偏於保守。於發達數千年之人類。殊難滿足其欲望。至希望將來者。富於進取之氣象。其進步靡有限期。故常道雖萬世不易。然從社會進化之度。自不無變化於其間。吾人其勿徒思復古而忘進取主義。庶乎其可也。

考案

一常道與權道之別如何。
二追懷過去。與希望將來之與常道之關係。

中等教育倫理學後編終

光緒二十八年八月初十日印刷
光緒二十八年九月廿五日發行
（定價大洋六角）

著者　日本元良勇次郎
譯者　順德麥鼎華公立

上海英界大馬路同樂里
印刷所　廣智書局活版部

上海英界大馬路同樂里
發行所　廣智書局

倫理學

日本乙竹巖造著

最新倫理學

新民譯印書局藏版

日本乙竹巖造著

最新倫理學

新民譯印書局藏版

新世界倫理學叙

德育主義之確立。未有如今日之急也。倫理問題之聲。尤覺急切。然先哲每爾音金玉。如空谷之跫音。後進者徒發望洋之歎。編者非學淺才。腹無萬卷之書。妄弄筆墨。於碩學環視之間。以質之於天下。愧恧之心。不能自已。然區區之微志。不過欲以溪澗之涓滴。以貢獻於滔滔江河之流而已。豈敢云解釋目下之緊急問題乎。

編述之際。所參攷之書目。不能一一枚舉之。自阿利斯托陸之意可馬契耶由奚科斯爲始。更據衛烏陸希契茲器希特伊科斯特列希阿列契沙他馬契茲列契斯威沙等諸學者之成書。亦頗不少。而於恩師渡邊龍聖先生之講義。所據尤多。是所以深謝先生者也。

是書題爲新世界倫理學。其中微言大義。似夫美不勝收。然以一握之小冊子。不過概說倫理問題之所以發展。畧述倫理思潮之所以傾注而已。若夫至其詳細。今方在續研闡明之途。十年之後。再期大成。豈今茲所能盡言者。大方恕之。是出望外之幸也。

明治三十二年五月梅溪學人識於聽松觀雨樓

新世界倫理學叙終

新世界倫理學目次

葉次

目次　二

新世界倫理學目次終

新世界倫理學

日本 乙竹巖造 著
中國 武陵趙必振日生父 譯

第一編 新倫理學序說

第一章 緒言

所謂新倫理學者。其與傳來之諸說有異明矣。然則謂之新者。果如何意義乎。若僅就時間之關係。而驗倫理思想之發展。以各種之學案。而比較新舊之差異。是直謂之新發達之學說則可。而謂之爲新倫理學說則不可。是不免杜撰孟浪之言。而難期識者之所首肯。故欲取昔日傳來糾紛之諸學說。而倡言新倫理學說。則必有堅牢確實之科學的基礎而後可。而所謂科學的基礎者何也。即所謂最新之眞義也。最新之眞義。果何如乎。不可不先知也。

從來我邦流布傳播之倫理學說者。亦糾紛而錯雜者也。上代之事。姑勿論之。先就

第一章　緒言

於近世一切民人德風之所以變移者而畧述之。當彼禪宗流布之頃。以平等無差別之說爲教。遇亂離之社會。乃驅其人民而尙閑寂。當時之民。覩流血慘澹殺戮奪掠。其視人事之變。如天變地異自然之災。而增其無常之感。視浮生如一夢。等人生於朝露。擲功名富貴於浮雲。但得瀟灑之茅屋二三椽。澹瓶古硯。茗椀茶檔。明窗淨几之間。涼風習習。蒲團麈尾。頓悟禪機。信以爲人生之快事矣。是足利時代一切之風氣也。若夫宋學支配於我國民之頃。其學風承磊落不羈之餘弊。流爲豪放麤暴之風。爲大禮者不辭小讓。爲大功者不顧細謹。恣爲大言壯語。而脅喝其長者先生。侈談破天荒之經綸。以驚匹夫匹婦。草廬一啟。臥起其間。而談經營天下之大事。捉襟見時。百結懸鶉。侈口而談上下古今。是德川氏之末季明治維新以前之一切風氣也。然當德川氏之施政。無爲閑散。享太平之春夢者三百年。隆盛之極。如春花之盛開。元祿之間。而聚其精華於江戶。關東之健兒。皆麕集於其間。既至寬政之後。風流之夢。再結於京都。洛陽之士女。再享平安繁華之樂。洵乎太平無事。熙熙皞皞之時代也。爆竹一聲。突驚春夢。啓眸四顧。萬象皆新。斯何時乎。則海外諸艦之來航是矣。

十九世紀之社會者。科學的進步之時代也。科學之進步者。實自世界的觀念之發達而來。世界的觀念之發達者。又自世界的事業之進步而至。其結果也。一面則自政畧上而發現之。一面則自商畧上而發見之。自東西兩洋交通之途並開。英船俄舶相繼而來。日本方酣夢未醒。舉世嬉嬉於太平之春。而在彼歐人方爲日之正午。太平洋之波濤。無端而漂於枕際。一場好夢。蘧然而驚。乃啓眸而遍觀世界。而始知世界之大。日本國民之力。殆如嬰兒之初生也。嬰兒之初生。呱呱之聲。惟知有己。既而昂頭啓目。而視英吉利。而視美利堅。而視法蘭西。而視露西亞。而視滊船。而視滊車。而視文明。而視開化。乃蹶然而驚起。欲與彼角之。而奈身力不足。何欲踴躍而攫之。而奈心力不足。何目注於世界之文明。世界之開化。而無可如何也。不得已而收其翼。斂其跡。先謀我之身力心力。而求進步發達焉。自三十年來。孜孜汲汲。以北美為前輩而研習其智識。以泰西為成人。而存養其勢力。今日之日本者。方三十齡血氣極熾之壯夫也。一垂手而挫清國之暴。以為其業已達成人之域。而誇示於世界。彼歐美諸國。以我為小兒為未成人者。其鍾愛之少年。一旦而成長如是。洵可驚也。其寵弄之嬰兒。一旦而發達如是。洵可駭也。既驚既駭。而憚心生焉。彼既憚我。則欲求如昔日之愛我如赤子。不可得也。欲求如昔日仁慈之助我。亦不可得也。彼既以成人遇我。則我亦非以成人之禮成人之道自處則不可。於是我國民。亦確捨眩惑之時代。而入於自覺之時代。脫模倣之時代。而入於反省之時代。整其制度。張其文物。凡國家之諸機關。皆整頓之。非獨物質的事業為然也。而精神的事業。亦伴之而為長足之進步。不見夫幾多之人文問題。紛紛而供識者之研究。幾多之文明問題。擾擾而現於社會舞臺之上者。非其特證而何。試觀欽定憲法。前已發布矣。地方自治制。次第舉行矣。今又遇民法之實施。國民之自覺。亦明甚矣。其幾多之法制問題。傾注於社會之耳目。此其一也。東亞問題之中心。漸移於極東。東洋之風雲益急。國際問題與人種問題。今益盛於社會。此其二也。實業之發達。亦從而益急。而勞働問題與賃銀問題亦漸起。所謂社會問題之聲。益宏大而震撼。此其三也。知識之普及。一面則整頓其學校。以畢教育行政之事。一面則以新聞雜誌之流行傳播。日極其盛。於是寒村之貧兒。亦以勞働之餘暇。而開講學之筵。聘村學之先生。以陶淑已之德性與品格。更有進者。於地方之圖書館博物館之議。亦紛紛而起。此其四也。工商業之進步。改良益盛。而設備實業補習學校之聲。喧於朝野。實業教育之呼聲。日增高於我之教育社會。此吾人夙所認知者。而實業教育問題。亦因之而大起。此其五也。最後吾人所最注意者。則爲道德問題風紀問題是矣。一面因國民實踐之道德。未能確然而樹立。不能不慨然於心。一面則因社會之彝倫日迫於墮落紊亂。其弊且延於學風。而有日趨頹廢之感。於是先覺者漸起。一洗國民之舊風。而以社會改良爲急務。其事乃益迫而不容緩。此其六也。凡此等之諸問題。欲以聳動現時社會之耳目。苟非有多少之見識者。決不能解釋此等之問題。蓋欲强模歐美各國之形似。而不免於輕舉妄動也。必也我國民以自己之內部爲的要。而後能解釋此等諸問題。則非自覺而不可。是以吾人所冀望於國民者。萬事必入於自覺之域也。茲欲解釋此等各種之問題。必就曩者所舉諸問題之中。於最後者以解釋我國民之道德問題。而貢獻一臂之助力。是爲吾人之本旨。將爲天下之言敎育者。咸得以解釋此倫理道德之問題。則其裨益。亦必不少。此吾人之所可自信者也。

日本國民者。自嬰兒而長成發達者也。今不過三十齡而已。既有流派之人格。以確立於世界。其道德品性。果爲如何。是不容不觀察也。而欲觀察之。則非上溯既往之經過者。至維新以後。助我國民之長成發達。分析其各種之學說則不可。若夫德川氏以前。其文敎思想之發達。亦不能謂之毫無關係也。夫明治之國民。其遺傳界。非享有是等之思想者乎。明治以後。於國民之進步發達。其根本力量。非於德川時代而培養之者乎。惟其如此也。故吾人苟欲畧說國民德風之移變。於明治維新以後。其倫理思想。其支配於我國民者何如。是不可不詳察也。

開國之初。其滔滔汩汩而輸入我國者。實利主義與快樂說是矣。是爲英國學者斯衞沙美陸等之所唱。即明治之啟蒙的偉人。明治文教史上。特書大書者也。自福澤翁之口而述之。以注入三田一流書生之頭腦。其流風之所及。滔滔乎普及於天下。以實利之收得。爲人生處世惟一無二之目的。所謂最大多數之最大幸福。爲人類最高至上之原理。其傳播之神速。殆如王良造父駕駟馬輕車者。步步而進。一日千里。雖至寒村孤落之冬烘先生。亦以利用厚生爲口頭語。以教其徒。山間僻邑之蠻童牧豎。亦無不知勞力之効驗者。以快樂惟人生之目的。以實利爲唯一之原理。人皆溺於爲利。而不知仁義與人道之爲何者。於是國富日增。民德日衰。貧富之懸隔則愈劇。安身立命之道。絕不復聞於人間。遂至社會問題起。勞働問題起。社會之風紀文教。遂蕩然掃地而無存。非一切之民心。獨偏於實利之所致歟。而當時之識者。亦莫不知其弊之所在也。故我國近來風教問題之事。亦頻起。爲大方所共認。雖儀秦之舌。亦不能喋喋而致辯者。而一靜察其遠因。實過去三十年間。我邦所流布之快樂說實利主義。實負其罪也。至於其後。而此論愈大行。要而論之。此亦非獨我邦爲然也。今日之世界。實利主義之弊。殆普遍於全球矣。

次於斯威沙之實利主義而流行於我邦者。則海陸衞托之審美說是也。與快樂說相反。而爲加托一流之直覺說。此學說既傳播於一時。有大且强之勢力。而天下之言教育者。皆注全力以研究其銳鋒。於是乃捨其自然主義。實利主義。如脫敝屣。如日暮之行客。忽就新傳舍。其欣欣然而喜可知也。然此直覺說雖爲新思想。於最近之學海。雖不失其勢力。而終未能自立焉。其於最近之學海。而得其勢之理由。由後論之。今姑以一二言而述其大畧云。

惟其如斯也。則非取諸說而參之不可。欲攷其如何之思想。非攷其最新之倫理學說而不可。展轉相循。無一瞬可休止者。學海思潮之先流也。獨是倫理思想之所發達也。三十年之日本國民。自德川時代所遺傳儒教佛教等之思想。非其基礎乎。前所述之快樂說直覺說之所涵養者。非其健全之發達乎。自此而自立於世界。以謀前進之途。是我國民之大幸也。道德的品性。既已確立。愈實行於社會。云爲動靜。以定其主義之方針。則此問題。即不難於解釋也。況此國民既已生長。則必由教育而發達。其被教育者。又可啟悟其未成年者。以適合於一定主義之倫理。而化當代之德風。貢獻於社會國家。非國民之幸福乎。況其所傳來之倫理思想。往往不無流弊。如上文所論述者。則新思想之要求。益不容緩也。其所謂新思想者何也。則今後我國民所執之倫理主義。如何而後自立其學說。余今對此問題。姑舉四者之要件而表之。

一　新倫理學者爲社會的之新倫理學

二　新倫理學者爲心理學的根據之新倫理學

三　新倫理學者爲積極的之新倫理學

四　新倫理學者爲合於國體之新倫理學

第二章　新倫理學者爲社會的之新倫理學

第一節　駁個人主義之社會觀

新倫理學者。有社會的之義者也。以積極的而論之。有眞成而立於社會觀之意。以消極的而言之。則出世間的孤立的之謂也。蓋出世間的孤立的社會觀者。爲眞成之人生觀。自倫理思想之開展以來。經幾千年。經億萬事。其間思潮之流轉。輾轉而無瞬時之休止。以至於今日。凡諸種之學案。其發現於世界之方面者。自達者而觀之。皆以個人的爲究竟也。至其個人的之極端。遂爲超俗的。爲出世間的。爲孤立的。爲索居的。乃欲解脫此世之羈絆。而放浪於山林。擲浮生於風塵。放浪於林泉山水之間。聊以自適。以獨善其身。不思安心立命之安宅。是猶可恕也。而更有極端者。大厭人生蓄積之苦惱。遂思一日早絕其生。以爲成德之眞髓。如印度之思想。以入涅槃爲人生終局之目的。如希托伊茲科之學派。以自然之生活爲人生之目的。而遂出無數之自殺者。皆其類也。蓋希托伊茲科者。其爲厭生命之學派。一至於此。蓋當時之社會。紛亂混沌。達其極點。社會之秩序。既如此其紛亂混沌也。學者識者。於社會上幾無容身之地。遂希脫俗而有息我以死之思。佛教以涅槃爲人生究極之目的者。更有最大之影響而然也。即舉希托伊茲科之學派。非自偶然之原因而然。實有必然的之理由。其必然的之理由者何也。則天地山川四圍之環象是也。巍巍喜馬拉之峯。突兀而聳於九天。四時之雪。積於其頂。睥睨於人界。滔滔恒河之流。驪獅子怒號之聲。（恒河之上流西藏語曰阿衛奚度阿衛奚度者即獅子怒號之義也）奔流而去。長此不返。天地之間。其雄大莊嚴之境象。如此者亦不知其紀數也。人民之生於其間者。雖愛山河之美。寧不怖其自然之莊嚴乎。仰巍巍之雪山。而起睥睨人生之觀念。俯滔滔之恒河。逝者如斯。又起到海不還之感。悚然而怖。悄然以悲。又覩赫赫之炎熱。直射於人畜。而疫疾不絕於四時。樹木鬱蒼。毒蛇猛獸。時出於其間。觸之者死生立決。種種之現象。統其終始而觀之。皆不過一刹那之頃。生於其間者。遂不覺而生厭世之感。不亦宜乎。

至於中世。歐洲之倫理思想。亦傾於個人的矣。是又果何故乎。則因其受宗教之影響爲多也。蓋神學的倫理。即宗教的思想之倫理。其在中世。於倫理思想本無可言。

降至十七世紀之頃。思想乃始漸脫宗教的迷信。其時又別有走於極端者。即遇革命之紛擾是也。而極端之過激者。遂受人權之影響。故當時之思想家。一面打破宗教的迷信。其一面則奔於正反對。至其極端。更趨於自由說者。而變遷愈不知其所極矣。要之十九世紀以前之倫理思想。皆偏於宗教。其極端皆傾於自然主義。而不能脫個人主義之範圍。一攷其原因。則自昔所傳來之倫理思想。多不出於虛妄之人生觀社會觀之上。夫所謂虛妄之人生觀社會觀者何也。如社會神造說。如社會契約說是也。社會神造說者。宗教的迷信之結果也。社會契約說者。極端自然主義之影響也。是等之社會觀人生觀者。皆爲反相的虛妄的也。果何故而然耶。於次節詳述之。

第二節　社會神造說之虛妄

社會神造說者。以社會自神意而成。人皆爲神所創造。相傳而成學說。以社會既爲神所造。故無論老幼男女。無論貴賤貧富。皆隸屬於同一之神。其說既如此。於是超俗的宇宙的以及個人的之一切。皆由是而起。以人皆服從於神。而定唯一之要義。不顧其社會之同胞。此說之虛妄。原不足深論。而必須喋喋而置辯者。蓋爲彼常識者而說法也。故欲破其妄說。必攷其自宗教的迷信而演繹之。則宗教上之宇宙創造說已破。而社會觀亦從之而破。夫彼之宇宙創造說。果何如乎。則以近世之科學的光明射映之。自煙消而霧散矣。

故欲打破宇宙創造說者。自科學的光明之星雲說爲始。星雲說者何。科學的立論而說明宇宙之起原也。其說曰。宇宙者氤氳之氣。充盈於天王星海王星之間。而爲澎大極熱之氣體。然其自轉之際。次第而失其熱。乃分散而爲各種之恒星。地球亦以此而成。其次第所失之熱氣體者。則爲流體。其凝結者。則爲現時之實體。是故鑛物者。生於地球成形之始。既而溫度漸減。植物漸生。而動物又次之。由下等動物。次第進化而爲猿類人類。既而人類。乃遂蔓衍於全地球。此說一出。爲學者所公認。於是彼之宇宙神造說乃敗。然當中世之頃。宗教的迷信猶盛。彼之宇宙神造說。其一切人民。尙共信之而不疑。且有以社會神造說爲不可搖動者。不獨中世如此。雖入近世之後。猶信此說之學者尤不少。千七百八十一年。法國之賀斯野與其皇太子而著世界歷史。而猶主張此說。殆如將消之燈火。而偶放光明。至今則僅存其影。故宇宙創造說既破。而社會神造說。亦不破而自破矣。

第三節　社會契約說之皮相

社會神造說。既由彼宗敎的迷信之謬見而起。而社會契約說。因社會之紛亂。乃以支配一時歐洲人之思想而成其愚說。法國之盧騷及其學者可托拉耶美茲陸著出一書。以爲社會者。因人民相互之契約而成。又因其契約而改造爲法律道德。當時在歐洲此等之思想。因社會之混亂糾紛。而鼓舞獎勵之事頗盛。殆非筆舌所能盡者。我邦之中記篤介氏題爲「民約論」翻譯而印行之。蓋盧騷之契約說。亦非平地而起波瀾。實所以表當時社會之產物。對宗敎的迷信而爲反動。非獨此說爲然也。而亦有與此說相似一致者。以表當時之現象。故盧騷之所說。亦自賀茲列斯而來。賀茲列斯之所說。稱爲萬國公法之鼻祖。而又不外於自科洛托之學說。換骨脫體而來。則賀茲列斯之所說。不能不述論之。何則。蓋彼之學說。於我倫理學上之研究者。頗有重要之位置也。

第四節　賀茲列斯之社會觀

賀茲列斯者。英吉利人。其說之見於今日者。雖多極不完全之點。而在當時。實爲寺院反對者之首魁。自新教以及加托利茲科教。俱目指爲不共戴天之仇者。故倫理學史上於彼之位置。而有大書特書之價値。此學者所公認也。其說之關係重大矣。賀茲列斯以爲人者因原來之自愛的動機而有動作。又以快樂幸福爲人生之目的。故其說曰。人類之本性者。爲自然之敵對的。無論何人。無不如此者。此不容疑者也。於何而證之。不見夫爲行旅於山林野蠻未開之地者乎。携砲銃帶劍槍者何爲也。是人類之本性。所以爲自然之敵對的者也。且不但入野蠻未開之地爲然也。不又見夫都門之地。市井之間乎。社會之秩序。無不整頓也。行政無不整理也。而入夜之時。人必閉其戶。則又何也。且不獨於他人爲然也。一家之中。最親密者。雖父子兄弟夫婦之間。而其篋鍵。必藏於簞笥之間者。則又何也。是非人類本然之孤立的乎。何其立論之奇激也。彼又曰。人以求自利者之故。不離於私慾之發端。其實實自利己主義而來。雖見他人之陷於貧困或疾病者。而動仁慈之情。而其所以然者。則以其自己或陷於貧困與疾病之感觸也。且更有進者。人之所以求權力。亦皆不出於自己的快樂之外。惟其然也。故凡求權力者。雖求現時之權力。亦爲未來之快樂也。然則如慈善事業所使用之權力。亦爲恣其快樂乎。是未可知也。又曰。人以各自爲排他的之故。互相恐怖他人。以其恐怖之結果。遂生政治上之共同。即如政治法律以擔保社會之安寧秩序。凡各種之公共團體。皆因恐怖個人相互之排擠而出者。何其立論之極端而造於此也。彼之如此極端之論。而彼之本領。即在於茲矣。惟其如此。人既以自己之排他的恐怖心。而制定政治法律。以至成共同團體。亦猶人於身體與精神上之權力。皆求同等。而不能互讓一步。此等之觀念。人所常有者也。無論何人。決無認識他人之勝於己者。但認識己之勝於他人者。於其知識。於其財物何莫不然也。各自競爭之所得。即社會現時之態勢。尚可證明之。如室內談笑之間。則試押腕於戶外遊戲嬉笑之場。則互相角力。此表彰於外者也。惟其如斯。則此觀念存於社會者無限。而競爭之無絕期。生存競爭之轉輪。綿綿渺渺。長此終古而不息者也。

第五節　駁社會契約說之謬見

社會果如何而成立。各種之共同團體。果如何而組織乎。是社會學者與人類學者。孜孜而研究相爭而未已者也。抑亦人之本性。果如阿列斯托特列斯之所言乎。而如社會的與排他的之說乎。夫社會的者。以其表現之本性。自然而爲社會爲團體。以至舉其共存之實而成也。至若排他的者。其排擊爭奪之結果。而同悟弱者終無勝其强者之時。而社會之團結始成。又或以弱者之服從强者。各自以其自己之恐怖心。而知到底相爭之不利。乃自覺團結之必要。而社會乃成。賀茲列斯氏最主張最後之說。故氏之社會觀。遂以爲其立論之地位。凡人間云爲動靜之原則。大抵不出於三者。茲舉其三原則於左。

第一　利得之願望。　此願望者。以他人而供犧牲。亦所不顧。

第二　榮譽之願望。　此願望者。關於己與人之間而求其利。

第三　安全之願望。　此願望者。利用他人與自己之方便。及其成功。又希與他人而分離。

上列三者。實爲彼倫理說之根本原則。以此等之原則。彼遂放言曰。人間自然之狀態者。惟戰鬬而已。韓非子曰。君臣之間。日凡百戰。試遍考之東西古今。其軌一也。賀茲列斯之此思想。似自盧騷之社會契約說脫化而來者。此等之社會觀。其根底既誤者。不能不辯明之。何則。近世之科學。有長足之進步。其見界之關於社會之起原與人間之本質者。皆研達於最新之眞理。故凡社會學者。皆已棄其最早社會之靜狀的說明。進而研究其動學的。而人類學者。亦脫其人類之原子說。進而研究民族種族之起原。心理學者。亦不甘獨囿於內省法。殆因比較心理學。動物心理學。民族心理學發生。心理學。而引確實之眞理。即箇人對社會之關係。亦非獨爲外部的。而實併內部的。非器械的。而實有機的。非契約的。而實本質的。而人類之集合團體而爲社會國家者。亦非如瓦礫之積塊。材木之積堆。又非如樹木之雜生。禽獸之羣萃。而社會之本質。已打成一丸而不出統一之外矣。不可分也。不可離也。實爲統整調和之一體也。是故社會之一員。即爲箇人之自我。又非孤立統之自我。而爲社會的自我。何以故。於現時之箇人之自我者。實於前時代社會之態勢所遺傳者也。其先天的有社會的力量。而後能生於此世。其四圍之環象。如學校町村國家等。皆受社會的制度之影響。行於此等之社會制度中者。凡風俗習慣道德法律文教開化。皆受社會的現象之感化。而發達長成。遂自達於自我確立之狀態者。於是其所確立自我之社會的。乃發明。又自此自我之社會的。而自慾望動機之社會的。亦發明。慾望動機之社會的。既發明。則非孤立的。亦明矣。箇人之處此世。其云爲動作。既非孤立的。則其根本的之實事亦可明。如列拉托者。言人爲呑野托斯之乳而育。阿利斯托特列斯者。言人爲社會動物。衞契陸者。言社會自希伊托加伊斯托而始有科利列渥陸度言社會自斯卑利托渥列野茲而始有共爲其時代精神之義。然此時代之精神。皆以氤氳一團而爲包圍社會之大氣。而生社會一切之感情。箇人者受此一切之感情而生長。而發達。又以此應分之力量而貢獻於此一切感情之向上的活動。而終不能脫却此一切感情之羈絆。以超乎象外也。

以上之所論述。皆自發生的見界而說明社會之狀態。則必更放高眼界。而溯尋社會之起源。以觀達社會之大勢。夫社會也者。實自二箇之法則而成長者也。二箇之法則。果何如乎。吾人又不能不研究者也。

其一則謂分化之法是矣。分化之法者何也。蓋現時之社會。實爲完全之家族制度而已。更遠而溯社會之原始時代。並家族制度而無之。不過單有種族之割據而已。更溯其上焉。則當種族之未滋蔓繁殖以前。其如何尚可尋也。夫上溯至人類發生之原始時代。學者之所說。亦紛紛而無一定。或有取一元論者。或有唱多元論者。以吾人之所觀。人類自一元而繁殖之說。爲可信。茲將一元多元之爭論者。而陳之。社會之起源。爲單純之家族。即其血族而止。而自此血族而分種族。其種族之割據。於相競爭之間。而繁榮膨大者。乃益分爲確立家族制度。其家族制度。益益發達。而箇人之自覺。益益明瞭矣。故社會者。以離羣索居之箇人。箇箇別別。相依相集。而爲家爲國。以至爲社會。其立論之非。不辯自明矣。此以社會分化之法言之也。是故人者雖生於分化之後。而其未分化以前之種族心。實自祖先之遺傳。而稟有者。是不獨於理論可證明。而社會現象之實相。其所表見者。亦多矣。

惟其然也。故社會者。其因分化之法則。而益分裂。而益繁殖。乃以其箇人之遺傳界。其禀有之種族心。而遂爲民族性。欲努勉而復其古者之種族的團結。而努勉而爲種族之國民。以圖其團結。益强其基礎。益鞏固。而此種族心與民族性者。一致其本質。實不外於保守的求心的結集之法之謂也。故社會者。實自此結集之法則而支配者也。爲其同族之團結。益益鞏固。以期自族之生存。且與他族而競爭。而鼓舞獎勵。以圖國民之統一。而愈强而愈繁榮。是亦社會實相之所明示者也。故社會者實以此分化結集之二順程。同時而並行。兩兩相顧而並進。而益成長而益發達。其分殊亦同時而益盛。益其統一而益强。其調和而益進。其基礎而益鞏固。其繁榮而益熾。而其進步則益大矣。

自以上之見界而觀之。則社會者非獨自箇人之集合而爲羣集。必爲一箇之整統。調和而爲一體之事明矣。此社會所以稱爲有機體者也。社會以有機體之故。箇人對之社會其關係必有關於內部的明矣。社會以有內部的目的。而爲內部的長成。故箇人之自我。必不能離社會而自存者也。以社會而與生物相比。雖自古代而有之。如支那及希臘學者之所唱和。而其觀念亦極爲明瞭。而終不如不能搖之科學的證明。實爲近世學海之特徵也。

第三章　新倫理學者爲心理的根據之新倫理學

第六節　何以謂之心理的根據

心理的根據者何。曰精神活動之原理是也。精神活動之理法。欲確實而說明之。則非心理學不可。而新倫理學者。又多與心理學之知識相矛盾。而相反對者。若徒以心理學之所許者。而不求其根據。是立於根本的之虛位。而未得根本的之寔際。譬如鏡裏之虛花。如空中之樓閣。迷離惝恍。所謂最確實精神活動之原理。豈如是乎。十九世紀之時代。科學長足之驚步。洵有可驚者。而敢問就中最進步者何也。吾人必先答之曰。心理學。何以言之。不見關於心理之著書出版物日見增加乎。其物鉅者其影大。其音宏者其響遠。關於心理之著書出版物之增加。非即關於人心研究進步之證乎。況生物學之發達。亦益盛。而心理學更得一層之助力。並其餘科學之所得者。亦多確實之眞理。而互相發明者也。故今日之時代。彼單據內省法而言主觀的心理學者。其學說的陳腐。其立論之虛妄。久已遠漂於學海之外。其跡已不存於思想舞臺之上矣。蓋以精神活動之研究。日有長足之進步。以此理由也。然其說雖不全存於學界。而尙有與別問題而並陳者。自特加托唱之。烏渥陸列和之。至加托而大成。世所稱傳來之能力說。並列拉託阿列斯托特列斯以來。世世不朽之信條。及三分法。皆一拜而倒。而心的現象之根本研究。與意識之渾一的見界。乃起而代之。其代能力說者。則精神現象之根本研究是也。其代三分法者。則意識之渾一的見界是也。

以能力而爲精神現象之根本元素者。蓋以人爲性理的動物。與天禀的動物。以意思而有各種之能力也。此各種固有之能力。就爲最後之說明。又不可不分析者也。蓋能力說之說。而所以破之者。則必有新研究者代之。其說明曰。智情意等之諸能力。猶其根本之現象。以觀念而言之。則觀念爲精神現象之單元。自海陸衛托而唱出。海陸衛托之學說。所稱爲觀念說者。殆如學海之潮汐。輾轉無一時之休止。然海陸衛托之觀念說。今已漸微。其觀念亦已無傳承之者。其實觀念之大旨。即爲精神活動之根本現象。自衝動而言之。衝動者。就其感情的意思的之諸說。各主一端。如烏托其衝動則以感情言。如奚幼衞哈爲野陸則以意思言。此論爭在德意志爲尤熾。尚無一定之程。現今德意志之心理學界則流爲三派。其一則爲茲哈之一流。而爲實驗心理學派。其二則稱爲經驗心理學派。其三則爲加托之餘流。而爲理性派。三派互相切磋奮勵。以研究此根本。其鑽研闡明之功。若有進步。然究未有一定之論決。豈能無遺憾耶。要而論之。則能力說必破明矣。即觀念聯合說之不能與天地長存。亦可知矣。

所謂意識之渾一的見界何也。蓋以其心力之所出。以知情意分之而爲三也。心理學上所謂無曲事是矣。以分析而言之。則無科學的之根據。以分類而言之。亦不過杜撰蠡笨而已。奈何其所以幸存至今日者。因其習之既久。而與歷史的育從之結果。僅此一端而已。其存而未亡者。眞偶然也。以科學的批評。而爲精鋭之先鋒。則彼杜撰蠡笨之分類者。自不能立。而新研究又同時而起。則三分法自全破而不能立矣。次之而起之學說。自理論的方面者。以多元統一論與一元多面論爲最盛。自經驗的方面者。以意識之統一。與自我之劃一。乃至人格論爲最盛。此新見界之大致也。以意識而混一。譬之舞臺而爲心的活動之役者。各種之精神現象。乃此舞臺上之出沒隱現者。其動作者即心象是也。即顯在的統一之謂也。役者出演於舞臺之上。既畢則入於黑幕之裏。既入而出。既出而復入。其在黑幕之裏者。即意識之下潛者。而統合其所有也。以潛在的統一言之。則潛在的觀念者。又爲意識之表。忽現忽沒。其去來於識域。事雖極其頻繁。而其間自有調和。自有統合其所謂確一者。統一而稱之。即自我也。自我者即品性也。自品性之體而言之。則爲自我。自其用而言之。則爲慾望界。是故慾望界之高下。即自我之高下。自我之高下。即人格之高下。是爲意識之渾一的見界也。

第七節　無心理的根據則倫理說不足取

由前節所論述而觀之。彼直覺派之倫理說。其不足取明矣。何也。彼等以良心爲一種不可動之能力也。能力說者。於心理學者。今日既已破之。於倫理學上。猶可信以爲據乎。
直覺派所謂良心說既不可信。則彼之制慾主義。亦與人心之心理的實事相反者。彼制慾主義欲制我慾而從純理。而爲倫理主義。而以人爲理性的動物。皆直服從於理性而爲人道也。其慾望不問其種類何如。不論其目的何如。一概棄其慾而歸於道德。是皆人心之本質者。是不顧人心之心理的研究者。而不知人間處世之云爲動靜者。其源皆在於願望也。何以故。願望者所以促其發達也。從己之所欲。則可進步而達於君子之境。若必棄其所欲。則必枯槁而無爲。經濟學者洛希野陸嘗曰。教育者。非教人絕其慾望也。蓋示以先擲其如何之慾望。而後可就其慾望。此確實之論也。夫人者。本一箇之慾望體也。苟無慾望。則必無人。既無人。豈有道。故心理學者。實欲以慾望而促其發達之事。蓋以慾望之統整而歸理性之本旨。然此間幾多之學說。往往棄此心理的根據而不顧。其說殆空中之樓閣。雖有形之可覩。而無實之可捉。其理雖似高。其實實迂遠而不達於事勢。此其學說之遺憾也。而古來幾多之宗教與哲學。無論其理如何之玄妙。凡遇心理的批判。忽然而失其勢力者。不知幾何。且不獨宗教與哲學也。凡幾多之倫理說。爲其無有心理的根據。其於社會人心而動失其勢力者。亦復不少。如加托之說亦是矣。蓋缺心理的根據之倫理說。走於純理而遠於實際。或入於幽元。雖在卑近。而實迂也。又多僅得形式的原理。而不能得實質的原理也。夫形式與實質。事物之二大原素也。無形式則實質而無所統整也。無實質則形式所含蓄之眞意無由而捕捉也。前之說則實亂也。後之說則實空也。前之說。如土塊也。後之說。如蔭影也。皆非完美之狀態也。夫捕捉眞理者主義與形式。雖高而無所用也。以其無所統整也。實質者凡人間之行動與最高之準則。而兩者皆備也。則凡言新倫理學者。形式與實質而可不併有之乎。而實質的原理。非即心理的活動之根本原理乎。故必有新倫學之心理的基礎。而後能瞭然也。

第四章　新倫理學者爲積極的新倫理學

第八節　積極的之意義如何

積極的。對消極的之反辭也。茲言新倫理學者。必先明積極的之義。而後可而斷其消極的之謂也。積極消極之別。果何如乎。

彼以克己制慾爲處世之原則者。以退守備防爲修身之本領者。吾人直斥之爲不德可也。雖有以此主義而唱之者。實爲防人進德之步者也。是消極的之義也。而積極的則反之。而必於實行者也。其理想則實現之事業也。其識見則事物之源義也。其觀察則必徹底萬相之眞象也。以鼓舞其活力。其云爲動靜之範圍。必求廣大也。其勤勞活動之效驗。必求有効也。更極而言之。不獨於自己之內心而無矛盾。而於理性之支配。隨其所發見者。於道德的生活之要義。而無不適合也。國家之繁榮。則因之而增大。社會之幸福。則因之而夥多。其眞摯如燃之愛情。其活潑如躍之希望。其爲家族。爲同胞。雖粉身碎骨。至死而不退卻者。其奮勵之義有如此也。是故其爲社會。爲同胞。苟致身而從事。其繁榮可勿論矣。其爲社會之進運。而貢獻於社會者。雖捨其實利可也。雖擲其名榮可也。夫實利者。非人生終局之目的乎。夫名譽者。非社會進化之動機乎。而其眞理之發現者。必由其究竟之原理也。究竟之原理。果何在乎。曰卽活力是也。此活力者。以自我而鼓舞之。而以合理的實現爲目的。此人生終局之目的也。此終局目的之實現者。非獨指社會統一之中而言也。又別有幸福伴之而來。繁榮隨之而生。故幸福快樂者。尙非其終局也。其終局者。在於自我之合理的實現也。要之在勿顚倒其本末。勿混淆其目的。勿錯雜其首尾而已。

第九節　現時者積極的進步之時代也

今日思想之進步。形而上學的進步之時代。與科學的進步之時代。皆已經過矣。方入於積極的進步之時代也。不獨於思想上而入於積極的進步之時代。卽社會之實相。亦脫卻破壞時代。而入於建設之時代。脫卻體流渾和之時代。而入於團結凝固之時代。當十七世紀之頃。社會之眞相。破壞已達其極點。而思想之流轉消極的。亦有非常之進步。自盧騷出於法國。卑麼出於英國。以爲人者生於自由。無所往而不能礙其自由。其唱聲普及於世界。此非盧騷之常套語乎。蠢爾簇集。終日營營。東西南北。汗流走且僵。是社會之組織不完全之所致也。故彼一唱破壞之宗旨。其聲大且急。而應之者衆也。自一面而觀之。非有一種之進步乎。然其所謂進步者。乃消極的而非積極的也。蓋彼等徒唱破壞而不唱建設。又以爲余但盡余之能事。此非卑麼之立脚地乎。彼之立論。固爲懷疑派之一律也。其說尙可察而知也。而其獨立闡究之氣焰。批評的眼光之精銳。欲不謂之爲思想上之一進步。是不可也。然則謂其進步爲消極的而非積極的。又如何乎。蓋彼尙不脫批判的研究之正當。既彷徨於懷疑的雲霧之裏。則自我之實在。亦幾同於幻影。雖其自明之理。亦不敢認爲事實。即社會之渾一的實在。亦不敢信焉。然彼自疑其自明之理而不敢信爲事實者。畢竟由其時勢使然。嗚呼。是非消極之極者歟。

然而最近思想之流轉。正以反對而爲進步焉。自十九世紀之後半期。以至今日。人文之所發展。思潮之所傾注。皆有大觀者焉。是爲積極的之進步也。更於次節而說明之。

第十節　社會進化與生存競爭皆有積極之意味

十九世紀科學之進步。於最近學海而爲一特徵者。社會進化之理法是也。自渥契斯可托於社會學建設積極的以來。經他烏伊特馬陸科咩列斯以至斯威沙烏托凡社會學者。次第而加其研鑽闡明之功。進化之理法。乃日追而益明。於最早之事物。皆不能脫進化之大法。凡自然之進化。生物之進化。社會之進化。箇人之進化。皆是也。且不獨於事物也。知識之進化。人文之進化。科學之進化。皆如是矣。而道德豈獨不進步乎。然則進化者。實爲積極的之意味。決非消積的之意味。何也。以其爲建設之意味。而非破壞之意味也。此爲積極的之要點。而研斯學者不可不留意焉。是則近時倫理學界之一特徵。詎不見之乎。進化論與道德之應用。詎不見之乎。於此點而放最異彩。以聳動天下之耳目者。實自阿列契沙他氏始。嘗於英國之倫理學會雜誌上而題「道德之進化」之論文。實爲震蕩一時學海之卓說。於後再論之。余輩非欲徹頭徹尾而左袒進化論者。余輩不過於斯威沙一流之進化論與其附和之。則寧贊成科利一流之進步說。而於後段。乃再評論之。以一言而蔽之。社會之進化。非積極的意味而不可。社會的倫理學者。亦非積極的意味而不可。如斯而已矣。

如彼之社會進化論。爲十九世紀思想界之特徵。生存競爭者。爲十九世紀物質界之實相。而生存競爭者。亦積極之意味。而非消極之意味也。是亦自然之理也。而無待喋喋置辯者也。何以故。消極之裏面。服從而已矣。服從者敗劣也。至其極。則死而已矣。滅亡而已矣。如前之所言者而演之。則建設者積極也。破壞者消極也。進取者積極也。退守者消極也。樂天者積極也。厭世者消極也。勤勞者積極也。休止者消極也。膨脹者積極也。委縮者消極也。發達者積極也。制慾者消極也。是故新倫理學者。制慾的不可也。委縮的不可也。破壞的不可也。厭世的不可。凡非積極的皆不可也。

第五章　新倫理學爲合國體之新倫理學

第十一節　國體與國民道德之關係

無論如何之學說。必合我建國之體裁。於祖宗以來之歷史上所表現者。以求適我國民之特性。而不爲吾人之所拒而後可。何以故。若與我國體相矛盾者。於現在。於將來。必相反對也。必不能支配我國民之云爲動靜也。況倫理之大本乎。爲人間活動之骨髓乎。爲國民實踐躬行之主義乎。非有本領而可以立派乎。

國家之觀念。無論何等之國民。雖無所異也。而其國民之意識。存於國體之觀念與對其國土之感情。各自不同也。人文之發達。無論何等之國民。其道德與人倫。雖無論何等之民族。固無異也。而彼等腦裏所存之國家觀。即至國家與道德之關。而各國亦各自不同也。我國建國之大義。果何如乎。上頂萬世一系之帝室。下蓄忠勇億兆之臣民。卓立於東海之天。國統有天壤無窮之盛。其臣民篤於慷慨義烈之念。而無二致。實我國體之精華也。吾人之臣民。自吾人之祖先而遺傳於我子孫者。實我日本民族之特性也。

臣民之實踐道德。實爲國民一切之道義感情。以其爲國民一切之道義感情。遂成爲國家成立以來之習慣風俗其根本主義如此而外感之氣氳其掩我國民之大氣者有二大界焉其一則契西茲所言之法律是也其二則奚特所言之道德是也道德與法律爲覆我國民之二大環圈法也德也其起源雖不外於其國古來之習慣至其發達之後其性質有大異者法者所以斷邪正也德者所以判是非也法者以法律的行爲而束縛之德者以道德的行爲而支配之而兩者之對象已如此其異也而其範圍雖不同而人終不能脫出其支配則一也人之生也既出於社會必入此二大範圍中所謂法律之裁制道德之裁制是矣然此二者亦非全無相互之關係者存也而亦相輔相待以保社會之安寧而增長國家之進運者也蓋此二者之根底嘗存於國家之根本元氣而國之法律國之道德實自此根本元氣而成立也根本元氣者何也不外國體之觀念而已矣

我邦之國體純然自族制而發達遂爲完全之國家者非如歐美諸國爲契約立憲之國柄也非如支那四百州以禪讓放代爲國體也其國柄既異故有卓越萬國之

特性、此特性者。我國體之精華也。而代表此精華者。爲臣民實踐之道德也。爲慷慨、節義也。慷慨之節義。此日本民族之特色也。煥發此大義者。我日本國民之異彩也。苟有背此者。非日本之臣民也。非大和民族種類也。我倫理學之主義。如此而已矣。合此國體之精華。而發明最新之倫理。以主張其學說。則新倫理之發達。亦日新而月異矣。

第二編　評論傳來之諸倫理學說

第六章　概論

於前編既述新倫理學說之基礎。列舉四箇之要件。則於此新學說。必求適合此等之要件而後可。欲知其如何。則必就傳來之諸學說。詳細而玩味之。而後可以此四要件爲標準。而擬以各種之學說。以待科學的批判之下。而先解其糾紛。則於各種之學說。而求其適合之分類。此其必要之事也。

夫倫理學說之分類。於近古之學者。其說雖不一。余今以二者而分之。余自信爲適當也。

第一　直覺說　第二　快樂說　第三　完已說

第七章　論直覺說

第十二節　論利度一流之直覺說

吾人之道德者。但直觀其行爲。而其爲善爲惡。不問而可知者。是直觀說也。要而論之。如虛言者不德。至其何故而不德。不待問而直明矣。又如重信義者何故而爲善。破約束者何故而爲惡。吾人不必考及其結果。已直知其然也。是蓋自明之理。不待別費考慮者也。此自明之理。即謂之直覺。或謂之直觀。其謂之直觀者。即良心之說也。或指爲道義感。或指爲道德力。此等之道德力。爲人類之自然而稟有之良心。是人之所以異於禽獸也。是人之所以有此能力也。以上之所述。爲列特伊斯利度斯茲哇陸托等之所唱。其主義如此。

是說也。其果有心理的之根據否乎。如吾前所陳者。所謂能力說。已不容於最近之學海矣。若直覺論者之所謂道德力。所謂道義感。所謂良心。是非能力而何。利度一流之直覺說。其心理的謬誤。非如沙上之樓閣而何。良心之發達。果有精神現象乎。箇人之良心。或生存於其時代者。自一面而視之。不出於爲當時社會一切之德風之代表而爲之反映也。故直覺論者之中。如現近之大家馬茲耶氏。雖許良心之發達。其對直覺說頗有進步。然其銳鋒亦不難挫之也。於下節更爲倫理的批評而詳說之。

第十三節　論馬茲耶之直覺說

馬茲耶氏之所謂直覺者。於四箇之要件。不容缺也。其一爲直覺之自明。其二爲究極。其三爲獨立。其四爲判然。氏之所說直覺者。必備此四箇之性質而後可。凡此等四箇之要件。勿論其爲各異也。即其餘所謂高尚之原理。亦非如社會之平衡也。亦非自最高至上之惟一原理而演繹也。所謂直覺的之或善或惡之判斷者。亦如此而已矣。止於形式而已矣。終不能至於實質的原理也。

何以云然也。彼直覺的之善其善惡其惡者。未嘗論究其善惡之內容也。其行爲或有害於社會之平衡。則以爲惡也。其行爲或有以助公衆一切之利益。則以爲善也。虛言者。紊亂社會秩序之基也。故非守妄語律而不可。信義者增世人之信用而有利於社會也。故非守義而不可。而不知有目的。有內包。即所謂實質的原理者。非表面而可測也。彼直覺論者而不知之。奈何。

彼對馬陸茲耶一流之論者。而欲求實質的內容。殆如緣木而求魚也。何以故。彼等單言善。故其善不定也。單言惡。故其惡不定也。其不暇而他顧也。試問其何故爲善。何故爲惡。於直指良心之外。而別無所證明。是於自明也。究極也。判然也。皆無明瞭之觀念也。於此三者而漠然。則於處事之時。則必茫然而無所捕捉。啞然而不知其所以然。徒發望洋之歎者。彼直覺者之論說。殆如此也。

彼等之所謂自明者。非眞自明也。實不明也。彼等之所謂判然者。亦實自觀而以爲判然。非眞判然也。實曖昧也。若直覺論者之所論。以善惡之判斷。以良心而特有此判斷力。則又何故。此亦不容不疑問者。彼蓋以善惡之標準。而求之於人間自身之內部。而其外別無目的。即以合其目的與否。而判斷其行爲之是非。即如妄語律。其影響之及於社會者不容不守也。勿殺勿盜之戒。言其毒害之對社會而及他人者。不容不守也。其存於各自之內部者爲良心。而實不可直觀者也。而彼以爲可直觀之良心。爲萬人之所共有。故彼等之所謂良心者。故具有此偉大之判斷力也。其所謂良心者。乃神力之伏魔殿。神力之本尊而已矣。進而追究其性質。試問此箇人之普遍的良心。何故而稟有。彼等之所答者。必非一律也。如彼希托伊茲科之學派。則以爲天地妙理之表顯。而自然之一部分。而人故有此良心也。如彼馬陸茲耶氏者。則守宗教家之常僻。而歸之於神。其說曰。人心者。神之映像也。人生而有此精靈也。吾人於彼宗教的說明。姑不暇批評之。彼等以良心爲神明。或妙理之表現。雖以普遍與絕對的而言。而不知其已誤也。何以故。良心者。實非絕對的而實比較的也。非普遍。而實各自有差別也。人既不能相同。則必不能以普遍同一者稱之。故此說而實陷於論理的過誤也。如彼等之所說。則世界者乃妙理之表現。而爲智力的統系者。是爲彼等之出發點。夫既爲智力的統系。則世界之事。皆可說明。然則世界者非亂動。乃整頓也。而常識亦有一定也。此亦彼等立論之出發點也。然則良心者。又非絕對的明矣。是又與彼等自己最初之發出點。前後異轍。互相矛盾矣。夫世界既爲智力的系統。則無論何物。皆可說明。苟於一事一物而說明之。則於根本問題之良心說。亦必說明之。是自反其說矣。

第十四節　論加托及海陸衞托之倫理說。

加托及海陸衞托之倫理說。亦一種之直覺說也。加托之所說。以入於我完已說。既至海陸衞托而稱爲審美派。而爲一種之流派。而吾人觀其所以。其入於直覺說毫無可疑者也。加托之學說。所以形式論中之形式論者。以善良之意思爲道德之窮極。故彼之言曰。無有條件。皆以善爲主耳。天上天下。惟有善意耳。又曰。良善之意思者。猶如夜光之珠也。無所依據。而自放光輝。無論彼於直覺派中。雖無可屬者。而其中自有一種之特色而放異彩。與彼利度一流之直覺論者。稍異其撰。而定人生之目的。人生之目的者。即人道是也。雖近於完已說。而爲一種之直覺說。彼獨具深玄尨大之頭腦。其精銳無比。而由科學的批判。一往直進。而闖入哲學的幽玄以代之。雖捨其社會生存之歷史與人生活動之心理的研究而不顧。亦毫無遺憾。其立論之堂堂正正。規律森嚴。宛然而有古之斯托阿學派之風。而悍然直往。不顧其社會活動之實狀如何。不考其人間生存之現況如何。其音頗高。而不顧出世間的社會的如何。其說頗深。而不顧超俗的通俗的如何。其大音聲之所撼。頗足以動社會之觀聽。如神之格言。僅足以感其庸人而已。故加托之所以爲加托者。存其所長。去其所短。是亦不可已者。故先批評此說。以爲其立脚地之必要也。

加托之言理性。其全然高潔者。如君之在上位。其願望如臣之在下位。必一意而屬服之。如君臣之關係之絕對的。其言理慾之關係亦然。是果人心活動之實相乎。自吾人而觀之。理性者與其制尅慾望之發。盍整理其慾望。順其種類之秩序而發達之於何種之慾望。而助之使長於何種之慾望。更誘之而服從於高等之慾望。此理性之所以爲理性。其任務如此。彼之命名爲理性者。如渥托耶美之言。皆從事於非常之可貴者。而爲至上之狀態。且更示之準則曰。以己之意見而共萬人之意思。以從事於公共高上之行爲。是爲彼有名之行的原理。其說頗高。其辭亦巧。然其意思之關係。其如何之內容。究未可得而知也。惟重形式上之格言而批難此說者。遂以二條爲口實而錄之於左。

第一　不過泥於形式之事

第二　不過偏於峻嚴之事

此二條之攻擊。學者視爲一致也。蓋第一攻擊其爲形式者。以其未能測其內容而言。第二攻擊其爲嚴峻者。以其於社會之實狀。而陷於迂腐而言。然彼之稱爲道德法者。不過言其範圍的命令而已。已言範圍的。又言命令。何其用語之森嚴也。其用語雖非故爲嚴刻。而其意義因文字之指示者。實爲峻嚴。故起多少之批評也。夫道德也者。經驗的也。習慣的也。是故道德法者。渥托則謂之課。馬斯托則謂之命。實同一性質也。然加托之所謂範圍的命令者。非馬斯托之言而何。是其道德法所以有峻嚴之稱也。又如氏以己之意思。並萬人之意思而爲同一之意思。彼書舉其例曰。人若爲盜。我亦爲盜。彼亦爲盜。萬人皆爲盜。如此而不已。則舉世皆爲黃巾綠林之輩。而社會化爲盜跖之羣也。然則盜亦可爲也。又曰。人或借金而不返。此不德之甚也。然而我則借金而不返。彼亦借金而不返。萬人皆借金而不返。遂至無有返者。而世間亦無借貸者。然則借而不返者。亦非不道德也。

然試熟考而詳察之。是等皆以社會現在之制度而假定者也。即如前例。亦自社會之財產私有制度而假定者。於後例。亦自貸借返濟之義理法律而假定者。然其所言者。非絕對的意思之命令。實社會之安寧幸福與前定而已。若離社會而考其絕對的之時。則借貸事與盜物心。此形式說皆無所抵觸也。是加托之說所以有非常泥於形式之弊也。

且若加托之準則。即以解釋普遍的。又以解釋特殊的。即如前之所言。以自己之意思。併萬人共通之意思。是普遍的之解釋也。又於一面而解之。他人與自己處同一之地。於同一之時。接同一之事情。則必以同一爲貴。後者即特殊的之解釋也。當此特殊解釋之時。人皆棄其名目自分之事。而以同一爲貴。則法則終不能成立也。若窮而有爲盜者。使他人亦立於窮境。陷於困厄。進退維谷之時。則亦必同一而爲盜。則破約者以此言也。破義者亦以此言也。則於自己之意思。毋乃矛盾乎。善既爲人所同認。若窮而爲盜。是決不可赦也。以進退維谷而破約。夫破約者不信之罪也。加托既不認破約人爲信人。又以窮盜爲非罪人。彼之準則之眞意。洵在普遍的見界。而非特殊的見界明矣。在彼欲明彼之眞意。而不幸以此空隙。而遂大受攻擊。其如之何。

要之直覺說者。或說良心。或說範疇的命令。其自相矛盾。而道德法終無定也。不獨自相矛盾。而不能定道德法。且受各種之困難。何以故。凡於其行爲。皆不能通過。於世界之組織。社會之實相。皆受其掣肘也。夫道德之眞義者。必包含社會之實相者也。不可離外界。而獨以內心自由而論道德也。馬契茲氏嘗嘲直覺派曰。彼直覺派之道德。於吾人絕無關係者也。亦如天文學之於人生而無關係也。洵至言哉。洵至言哉。學者所當玩味也。

第十五節　駁海陸衞托之倫理說

海陸衞托之審美說。亦一種之相覺說也。較之加托之倫理說。其形式論中之形式論。如前所詳述者。尤爲較勝也。若自實質的原理而論之。則必以實質與形式而並重。而後可得完全之倫理說也。海陸衞托者。實自此實質而起。而加以努勉焉。彼對加托之森嚴形式論。而求適當之質實的原理。以研究於社會的通俗的之事。是頗可玩索而求之者。

加托所謂道德之根本原理。即善惡之標準。而歸於最高至上之唯一準則。而終於實質的原理之事。能自此根本原理。演繹而爲幾多之道念。實皆自此而出也。海陸衛托之考想。實由茲而出。以其有名之五道念。而定倫理之原則。所謂五道念者何也。自內心之自由始。以至『完全』『好意』『正義』『衡平』是也。此五者吾人皆認爲各別之自覺者。第一道念者不可爲第二道念。第二道念者。不可爲第三道念。五者雖相互而無依據之關係。皆各自單獨而行之。單獨者即直覺也。不可爲吾人行爲之規範者也。而此等五道念之性質。果如何而尋之乎。而孰知皆以意思之形式的關係而爲之基者。何以知其然也。蓋於事物特殊之關係。吾人之所感者。或有大感。或有小感。或有美感。或有惡感。吾人於意思之形式的關係。其所感亦然也。以上之所說。是即海陸衛托之立脚點也。蓋海陸衛托之倫理學說者。於倫理學上。雖非有重要之位置。而此說一興。遂滔滔而流入教育界。而成爲道德說。一時驅其滔天之勢而進。遂以其倫理學說。而爲教育學之基礎。流布於天下者甚廣。茲故研究而批評之。於其關係亦不淺也。

今就其五道念一一而研究之。其第一之道念。即自內心之自由始。內心之自由者何也。曰以吾人之意思。見爲吾人之所當爲者是也。質而言之。即從吾人之意思之所欲而已矣。而其終也。不問爲何者之問題。而必至於捍格。何以故。吾人之意思。其以爲當爲者。其所謂不當爲者。果何所根據乎。即如其所論。亦不出於爲其所當爲。勿爲其所不當爲之外也。夫爲其所當爲。勿爲其所不當爲者。誠千古不朽之格言。而單就形式的原理而攷之。至其果如何而爲可爲。如何而爲不可爲之內容。仍漠然而無所捕捉也。其實質的原理。仍存於以下之四道念中。吾人進取其餘之道念。先試研究四道念之中正義。及報償之道念。

世俗一切所稱爲正義者。皆包含二義者也。其一在分配上之正義。其餘在報償上之正義。分配上之正義者。取我之所分前。與彼之所分前。各得其宜。而不敢互相踰越之謂也。報償上之正義者。於彼之報我。而我之償彼。而各得其宜之事也。而海陸衞托之所謂正義者。以所謂分配上之正義。與報償上之正義。兩兩相當。如支那思想家之言也。無論其於分配上。於報償上。總以各得其宜爲義。其所謂宜者。果有如何之意思乎。試問宜之眞義之內容。果何如乎。今於二人之相對的關係。於兩者之間而各有所爭。必兩者之間。各取其應分之範圍而自以爲是也。而欲立其兩者範圍之所宜。必以中庸爲判斷。而中庸者於分量上必含二等之分義也。宋儒言中者無過不及之稱。阿利斯托特列斯言中庸雖如黃金之可貴。而中者實隨處而存。與千變萬化之事情而相接。悠忽變幻之場。合而相應。臨機應變。隨時變通者也。至於好意之道念。與加托所謂實理之準則。何其相似乎。衛海陸托亦與加托同者也。離一切之事物而置社會與心理於度外。單於意思之形式的關係。而求好意之道念。而於他人之意思。不顧一切事情之如何。必以我之意思而附和之。漫然而無自主。其發見之實事。必有不可附和者矣。如强盜之意思。則在侵害他人之所有權。而奪他人之携帶品。吾人亦以吾人之意思而附和之乎。殺人者。屠他人之生命。以逞一已之惡逆。吾人亦以吾人之意思而附和之乎。不待智者而辨矣。即當無提出條件之時。吾人之意思。雖爲絕對的向善者。然欲以吾人之意思而附和他人之意思。亦大難之事也。更有進者。吾人之意思。果爲絕對的向善者。他人之意思。亦爲絕對的向善者。則於他人之意思。不問其事情何如。不論其場合何如。而同趨於向善可也。若夙興夜寐。孳孳而爲惡者。是非盜跖之意思乎。而究何如也。然而彼竟辯之曰。彼亦自以爲向善也。未嘗不可言善意耳。自吾人之見界而觀之。則謂盜跖之意思爲惡矣。而在盜跖則自以爲善。此可深信不疑者也。彼一意專心而向之者。於盜跖之意思。於其內心無窒礙也。雖謂之爲善意亦無不可也。嗚呼。是何悖理之言也。其人自以爲善者。其希望之目的亦必善也。其意思之爲善宜也。若其目的爲惡。其企圖爲善之時。非抑壓其意思而制止之。則必不能適合善意矣。如彼之言也。則海陸衞托之自身。亦非以自己之意思。而合他人之意思者。先以他人之意思。爲完全無缺。而無一毫非難之點者。以我內心之自由。而定他人之意思。是與自己之發出點。又相矛盾矣。

吾人之所謂視內心自由。而以爲毫無非難之點。於他人之意思。而不問其爲如何之意思。於前所述者已言之。即如前所述內心自由之道念。單就形式的原理而言。則所謂好意之道念者。亦不過於他人之意思。以我之意思和之而已。嗚呼。此何事也。其所謂意思者。究未入於根本問題也。其眞意思之實質。實未能捕之也。其議論雖已入其內城。而實則往返徘徊於外廓。再不能越其城濠一步也。而謂其入於完全之道念。然乎否乎。

夫完全之道念者。海陸衞托之所論者。非意思活動之性質的關係。而爲分量的關係也。以强健充實之意思。多方而調和之而已矣。而此道念者。亦爲非難之所集注也。其先攻擊第一說者曰。無論以如何之口舌。終不能調和其意思也。薄志弱行者。終難望其實行於善。而用意周到也。其攻擊之最甚者。更曰。欲求意思之强健而充實。必有多種多樣之異。其意思不能以事項而決定也。其意思之目的。其對象。即爲惡也。意思之强者非惡乎。意思之向於惡者。雖爲其所必有。而欲和他人之意思。必不可得矣。若是等之論辨。吾人姑勿窮追之。以迫之於其極。要之其最後之道念。背腹受敵。孤城落日。運命迫於旦夕矣。故此五個之道念。終不能與於實質的原理之事能。而海陸衛托之倫理說。無足取也。

第八章　論快樂說

第十六節　上古之快樂說

以前數節。於直覺說不能單以形式的原理。而入於實質的原理。已論述之矣。而反之者。則又單爲實質的原理而不顧形式之學派。則快樂說是矣。快樂說者。自希臘之阿利斯茲列斯爲始。自由卑契拉斯而大成。至於近代。其分脈又別爲數派。或爲自己的快樂說。或爲公衆的快樂說。如爲最近倫理學界之原據。學殖深遠之名譽。若英國之希茲烏伊可氏。別樹一幟。而拉希幼耶陸衛托意斯麼述之。今於此學派。於吾人所謂新倫理學說。無論其適合與否。先紹介此學派之所說焉。

在昔希臘之時。由卑契拉斯大唱人生之目的。惟在自求快樂。先是其爲茲意科學派者。又倡苟自以爲痛苦。必惹起無限痛苦之事。人若追求快樂。即現在瞬時之快樂。亦不容忽之。故由卑契拉斯承其說。乃遂主張積極的快樂。更又唱道自消積的方面。即避其痛苦。即爲求快樂之基要。之以快樂爲至善。其餘者不過用此手段以達其目的而已。若如宗教家而說未來之幸福。彼斷不取。

故上古之快樂論者。以快樂爲至善。以爲人生終局之目的。無過於此事者。其次之而起者。則以快樂或取之於自己。或取之於他人。其問題分此二種。與近時之快樂論者。頗異其點。此即所謂自己的快樂論者。與公衆的快樂論之所以歧也。

第十七節　近時之快樂說

對此問題而追窮自己之快樂而發論者。英吉利則有賀兹列斯。法蘭西則有哈陸衞兹可斯。彼等皆以自己論與心理的見界而立論者也。哈陸衞兹可斯曰。人之本性者。有慾望者也。又曰。他人者而欲其於增進自己利益之外。而以一指一髮以助我者。徒付諸夢想而已。何其人生觀之殘酷如是也。何其薄情如是也。

此種之見界。不易於排而去之也。我國如加藤弘之博士。實亦主張此說者也。蓋吾人之所唱。爲社會爲公共。爲一切人民而鞠躬盡瘁。不過屢騰於口而已。而人之日夜營營而奔走者。實爲自利我慾而已。雖以世間多數人之道德心而沈思默考之。於自利說。終不能無動於心也。惟是之故。是自己的快樂論者之出發點也。然而此等之論。其根本的頗誤。然最易動人之首肯。則其混雜眞理者。由此言也。何也。人既各求各自之快樂。其各自之所欲。必有各相互異者。如常人普通之意識。身居崇高之位。家蓄巨萬之財。爲一身之富饒而取貨財。爲子孫之豐足而購田宅。此其一派也。而生育於高貴之家者。揮金如土。以縱其慾。春花秋月。豪竹哀絲。一擲而費黃白巨萬之資。而得一刻千金之豪快。此又一派也。然而放蕩遊惰。亦實有妨於自己的快樂。何也。其快樂於範圍之內容。而無限制也。

更取其他例而論之。社會者。本不平等者也。故不平等者。社會之眞相也。故賢愚之別。數所不免。是故賢人有德之士。以施道德於他人。而爲自己之快樂者有之矣。若斗筲小人之輩。往往奔走於私利私欲。不顧他人。一任他人之困苦。而求自己之快樂。蓋是等之行爲。其非德固不足論。而其有妨於快樂則一也。彼之溺於功名富貴者。以食前方丈侍妾數百人爲快樂。賢哲之上。讀書之樂。勝於南面百城。夫惟如此也。故各人之所快樂者。以各自之品性見識位置境遇而異也。則安得有一定之律也。況夫快樂。又有大非道德者矣。彼盜跖之行爲。雖無妨於自己的快樂。而決不能稱之爲道德也。無論何人。決無敢以惡逆大罪爲道德者也。則以自己的快樂爲道德者。其誤可知也。惟其如是。故彼快樂派者。乃又唱出最大多數之最大幸福。爲人生之目的。即進而爲公衆的快樂說。公衆的快樂論者之言。蓋出乎此也。

第十八節　功利教

最大多數之最大幸福。其論之發端。自英吉利之衛沙麼。屬於此派者。更有茲幼斯茲哇陸托美陸茲摩斯美陸之父子。以至今代之斯威沙希特伊科斯威沙之進化論。乃放一大異彩。奚茲鳥伊科之合理的快樂論。又增一特色。於後詳之。茲先舉衛沙麼及美陸之說。

衛沙摩曰。無論何人。必有數者與人同好。又必有數人而同一好。其同好者。皆求一樣之幸福。決無偏頗之義也。此說既傳。遂爲最大多數之最大幸福之發出點。喧傳於一世。遂爲膾炙人口之格言。茲幼斯茲哇陸托美陸曰。功利教者。以行爲之標準。而求幸福者也。非獨以行爲之標準而求自身之幸福也。其關係者爲一切之幸福。而關於已之幸福與他人之幸福也。故功利教者。離私欲而要慈善的判斷者也。此蓋彼所著書可茲利他意野意斯麼中之所陳也。可茲利他意野意斯麼者。自功利教之義。以說明功利教之意義者也。英語謂之可茲利茲。可茲利茲者即功利與功果之義也。爲快樂說者。包其自已的公共的之名稱。其中公共的快樂論。爲最近之學說。此最近之學說。關於公衆的快樂論者。又稱之爲功利教。

茲幼斯茲哇陸托美陸更以已所不欲。勿施於人。愛汝鄰人。如愛汝之身。舉契利斯托之格言。爲功利教之本領。此固至當不易之論也。非獨契利斯托之言爲然也。我東洋之孔子。亦嘗言已所不欲。勿施於人矣。但孔子以消極的爲教。契利斯托以積極的爲教。孔子以禁制的爲主。契利斯托以獎勵的爲主。一爲金言。一爲銀言而已矣。要而論之。美陸者。於快樂論中自放異彩者也。其說雖洵屬於功利教。其人實爲絕品純潔之君子。其人識高。故其立論亦高也。

自以上所述快樂論者之言而觀之。則快樂論者之所說。若單甘於主觀的研究。而不進於客觀的研究。單甘於內心之反省。而不確立於人生之目的。以自進於道德。則非所宜也。但願望滿足之事。則伴此滿足而生快樂之感情。亦吾人共功利教論者。決不拒其快樂也。況最大多數之最大幸福之說。即關於社會的國家的積極的也。雖然。若以快樂之感情。而爲人生窮極之目的。吾人斷不能首肯。何以故。吾人之所覩者。非以快樂爲人間行爲之終局目的。與期成目的也。亦如美陸者。雖自已之幸福。不獨以行爲者求自已之幸福。而必及于關係者一切之幸福也。其立論之通徹明瞭。果何如乎。今以此說之批判。一面則自心理的方面。一面則自倫理的方面。並而研究之。其庶乎。

第十九節　快樂說之心理的攷究

快樂說之心理的攷究者。非分諸項而陳之不可也。

第一　快樂者必明瞭快樂之意義

第二　快樂者必當以人間行動爲目的

第三　快樂者必以相互比較而計之

更即此而一一說明之。

第一快樂者必明瞭快樂之意義者何也。茲幼茲斯哇陸托美陸以爲吾人凡見一物而有感。必認其物爲同一之快樂物。易而言之吾人取他物相比而別擇一物。其物與他物皆爲快樂的也。若如此說則吾人之所願者實皆快樂的也。此說實非也。何以故。吾人對他物而撰一物。必其物與快樂之大小多寡相比較。而非撰其多者也。且不能認其物爲同一之快樂物也。吾人之於其物。而欲認其爲同一之快樂物。此事易於證明者。但其物果爲同一之快樂物與否。於心理上決難認其誤謬也。是蓋美陸以快樂與快樂物之區別相混亂。以快樂之感與快樂物而相同。故以快樂物與快樂同一視之而不明瞭也。

第二快樂者必以人間行動爲目的何也。吾人於靜坐默思熟察之時。吾人之所追及者。非常向快樂乎。吾人所追及之快樂。非欲其行動爲目的乎。如冬日閉戶昇爐。溫生一室。夏日則疏簾清簟。沈李浮瓜。非快樂之目的乎。人之追求快樂。固人生終局之目的。譬之人之求飲食而已。人生之目的在於飲食。誰能笑其賤劣者。蓋人必以食爲生活。非食則不得其生活者。況饑而求食。渴而求飲。當其突差之時。誰不以爲目的物。但得飲食而已。不暇問其快苦也。若夫凶歲饑饉之時。甚至嚙木實餐樹葉。天旱地魃之際。飲泥水。嚙汚潤。誰言泥水汚潤爲快者。誰言木實樹葉爲快者。彼等之飲食者。耐痛忍苦閉目嚙口。是洵不得已而食之也。豈取快樂哉。是等極端之引例。於道德的行爲。其理一也。苟非卑劣之慾情漢。決無不以快樂爲行爲之動機者。更熟攷之。凡吾人所欲爲之事。其動機必在快樂之先。則快樂非動機也。質而言之。吾人內界之動機活動之謂也。其活動之結果。則快樂與痛苦皆伴之。是眞正之順序也。阿列斯托特列斯決定以快樂爲吾人天然之稟。有非內部之動機。則以快樂爲唯一之目的。乃向動機而動者。與心意活動之順序。不容顚倒者也。

第三快樂者。必以相比較而計之者何也。彼主快樂論者。多以所得之快樂而言。於快樂之分量果如何而定之乎。衞沙麼之快樂計算法。第一強度。第二連續。第三確否。第四遠近。第五結果。第六純粹。第七區域。舉此七者。曰自此等而成者。則快樂之分量所以多也。其強度十。則其快樂之連續二。其強度五。則其快樂之連續五。舉其例如左。

$$10\times2=20$$

$$5\times5=25$$

乃更進而詳說之。如氏所分析快樂之分量。雖分而爲五者。其分析果正確而精密乎。縱使其正確精密也。而快樂之分量。決非由心理上打算以比較而得之也。何以故。不問其比較打算如何。而快苦之感。各人之程度決不同也。苟身體健康。元氣充盈之人。其一切之感情常覺其體溫之度高。故其感快之程度大。而身體羸弱沈鬱之人。其快樂之眞味。決不能如其廣大而敏速也。衞沙麼知其故也。故彼於苦樂相感之影響。凡舉三十二種之事情。一男女。二年齡。三風俗。四習慣。五氣候。六地位。七宗教。八教育。九體格。十心情。十一禀賦。十二氣質。及其餘種種之類也。然此等之事情。皆非前定者。而欲於實際上以比較其快樂。亦頗困難。何以故。必人與人一切皆同。而後其快樂之感同也。若彼一時此一時。其點各異。則彼此之比較。必不能得一定之標準也。馬契茲嘗曰。快樂者不易以一定而計算者也。蓋人之心情。極其複雜者。每於各種之意識上。而表現諸種之觀念。乃相結合而爲有機的統一。此有機的統一。又爲諸觀念之總額。於一瞬間而代表其品性也。以故快苦之感。實不能離此意識而爲抽象的打算。何以故。凡快樂與痛苦之感。皆不能離意識之全體也。如曲面之兩面然。凸面者雖實全爲凹面之反對。而離凸面則無凹面。離凹面則無凸面。

其理一也。故快樂之感者。於意識之全體。實有內外表裏之關係。而意識爲其內部之根底。而快樂爲其外面之表象。其外之快樂如何。實其內之意識如何。此其事實而不容僞者也。

以此而觀之。離意識。不獨於快樂無抽象的。且無純粹之打算矣。故眞欲打算之者。其意識之所在。即以打算其人之品性也。然打算其品性。則必以倫理學上之根本問題。此快樂論者之所同認也。何以故。蓋打算品性之事。爲快樂論者最早之立脚地。

茲幼斯茲哇托美陸氏。其快樂論。單有分量上之差別。而無性質上之差別。故於性質上之比較。而欲以定快樂之高下。是故不可也。何也。以性質與性質相比較。爲論理上所不許者也。故强以性質上之比較。而於快樂以外。而別求標準。則凡於一種之快樂。而包含其餘之快樂。以成一種之性質者。無從而定也。夫其標準既求之於快樂以外。則爲最早之快樂。而非最終之標準。則與快樂論者以快樂爲終局之目的。又相背馳。而與彼最初之出發點。亦相矛盾。若欲避此矛盾。而快樂又終不能於性質上比較之。其奈之何。要之美陸之說。進退而陷於兩難者也。

第二十節　快樂說之倫理的攷究

於前節自心理上而批評快樂說。已發見其謬誤矣。茲特以倫理上與快樂說之論難。次其諸點以分考之。

第一　由自利利他而進於明瞭之通路

第二　以快樂爲目的而道德力頗薄弱

第三　快樂說者奬勵淺見者之傾向

第四　關於道德上之問題非與常識之快樂說而一致

第五　功利教論者於不知不識之間而假定快樂以外之最高目的

於上所列者。今姑順序而一一論列之。

第一自利利他而進明瞭之通路者何也。快樂論者之中。多以求自己之快樂。而說人之本質者。彼等皆以涵養社會公德爲最重。於私德而與公德一致與否。究爲未解釋之問題。如孔子顏回之所謂志士仁人者。甘殺身以成仁。欲捨已以利他人。其私德與公德而一致。此不待言也。然孔子生知安行。萬古之聖也。顏淵亞聖。德行次於夫子者也。而孔子之前無孔子。顏淵之後無顏淵。然則彼等皆不世出之才。百世而一生者也。蠢爾億兆之民。非皆顏回孔子。則如之何。是私德與公德不相一致也。學者於私德（卽自利）與公德（卽利他）通路之關係。頗多困難之感。不易說明之也。衞列氏以人間社會。借上帝之照臨。以未來之賞罰爲終局。欲此人永遠而追公德。衞沙麼遂以是點而說未來。以解釋衞列氏未來之問題。故彼之言曰。自利與利他而相一致。不可期於現世之社會制度。若社會制度而改良。以至於理想的社會之實現。則自利與利他而後可一致也。是故箇人者皆求最大多數之最大幸福者也。以此理想之實現。而欲貢獻一臂之力而已。至美陸乃以衞沙麼之說。更於一切社會而置重一層。問其何故。則以一切之幸福。皆歸於斷案之下也。而乃說明之曰。於社會一切之幸福。無論何人所造者。皆萃集而演繹之。以試其說明的辨證。故其說曰。甲之幸福。甲之善也。乙之幸福。乙之善也。丙之幸福。丙之善也。各自而求。各自之幸福。凡其幸福。皆其善也。而凡其幸福者。即不外一切幸福之外。凡甲乙丙丁及其餘之向善者。皆其幸福也。

而彼之說明。於論理上所謂陷於結合之誤謬者是矣。何也。彼之結論。已失其要點矣。今欲說明之。如甲之幸福在於子。乙之幸福在於丑。丙之幸福在於寅。其所求者各異矣。而欲結合甲乙丙之所求。是必不可也。何也。三人非總而求三人之幸福。蓋各別而求一切之幸福也。若甲所求者與乙丙同。乙所求者與甲丙同。丙所求者與甲乙同。則如彼之結論可也。若各自而求一切之幸福。則如彼之結論不可也。且更詳說之。以幸福爲唯一之目的者。此快樂論者之出發點也。其義如甲之所取者。甲之幸福也。而非人之幸福也。蓋人之幸福。決不能與我之幸福同也。彼功利教論者。然第一命題。以論幸福者。人所樂享之事。於第二命題。幸福者。與他人而無二致者也。萬人皆普遍者也。是即我之幸福。而即他人之幸福之結論也。譬之三人皆饑者。而謀各自之飲食。以療各自之饑餓是也。若三人之饑者。而以一人之飲食而給之。可乎。其結論何以異是也。是實論理上之過誤也。

第二。以快樂爲目的。而道德力頗薄弱者何也。如前所論者。往往以快樂與義務而相一致。若至其相一致之時。則其動機益盛旺。而德行雖有增進之利。然或反對之時。則道德不能與快樂比肩而對立。而行爲介在於二箇標準之間。將無所適從。而良心之勢力愈弱矣。馬契茲於其所著社會哲學序說中。其攻擊快樂說者曰。快樂論者之所說。其實際之利益甚少。蓋其對倫理問題及社會問題者。其價値頗少。故也。然於現時之道德問題。一洗實利主義之餘弊。今日之社會問題。自快樂主義之極端而起者不少。若欲救之。則非强其國民之道德。高其箇人之品格。卓立於滔滔汎濫實利主義汚濁中而不可。毅然不撓。泰然不屈。非有此決心而不可。而彼快樂主義者。其個人之品性。如此其卑也。國民之道德。如此其墮落也。加拉伊陸者。有名之經濟學者也。其持說雖確屬唯物論者。彼猶以爲人生之目的者惟快樂耳。惟在幸福耳。非幸福。實天福耳。然則社會之目的。亦在最大多數之最大幸福而已。亦不外鳥野陸卑伊他之所言也。則欲增進社會之安寧以達人生最高之目的者。惟在良心之力。而非快樂明矣。

第三快樂論奬勵淺見者之傾向何也。彼快樂說者。以快樂爲人人之目的。而以便於奬勵淺見者之傾向。即如彼之奬勵慈善事業是也。蓋慈善事業者。以惠鰥寡孤獨之無告者。及疾病貧困不幸之民。在惠之者。易於滿足者也。在受之者。易於自得快樂者也。是故快樂論者。其奬勵慈善事業。絕無條件。惟以惠人爲事也。其果眞有利益於社會與否。於事情與場合何如。皆不顧也。徒以施人之事爲眞慈善而已。近時社會學之發達。社會現象之研究益深奧。故最近社會學者之說。以慈善之事業爲永遠有害於社會。如功利教論者之首魁。希特伊科氏亦深然其言。又近時統計學之發達。其學者之所研究。凡奬勵慈善事業之社會者。其貧民之數。必不能減。則慈善事業者。必非有益於社會之公共事業可信然也。彼快樂論者。尙從而獎勵之。非淺見之甚乎。

第四關於道德上之問題。非與常識之快樂說而一致何也。凡關於一切之道德問題。及關於實踐倫理之問題。有言以快樂爲人生之目的者乎。若其有也。試問彼之良心而果出於眞意否也。自吾人而視之。凡道德上之問題。其事實未嘗傾向於快樂者。彼常識者貪於富貴而不安貧賤。故遂表其同情也。更極言之。彼等之所好者何事乎。非以快樂爲目的乎。則汲汲於富貴。固彼等之所願也。若如和氣淸麻呂辭富貴而就正義。如楠正成擲生而就死。而彼等以爲離羣絕類之人矣。蓋彼等以快樂爲目的也。故常人不知道德之問題。而唯知快樂之目的者。大抵如是也。要之苟不知社會上之問題。則於道德上之問題。在彼常識者。必以爲與快樂論者爲一致矣。

第五功利論者於不識不知之間。而假定快樂以外之最高目的者何也。美陸之快樂論者。而其所言大抵以制慾的爲主。彼之言曰。享受快樂者。必其力量最低之人也。其滿足之快樂機會雖多。而自受高尙之教育具高尙之品性者而觀之。而實爲不完全之世界也。常人之所視爲幸福者。自賢哲觀之實非幸福也。夫以此不完全之世界。故彼之幸福。實非眞幸福。使彼等而知此爲不完全。此爲不堪之不幸。則怨天尤人而不知其所底矣。惟其不知也。故欣欣然喜。營營然樂。如豚犬之讙於牢檻也。如耶科拉兹斯之所陳者。蓋彼之所說。猶爲高尙之人格所表現也。彼以純潔之精神。而遠入聖賢之域。故彼在快樂論者中。所以特放異彩也。以之與沙斯麼而相比。則衛沙麼之所說。豚犬耳。庸人耳。而耶科拉兹斯以爲多與社會之幸福。雖以已身爲犧牲。所不厭也。衛沙麼也。美陸也。耶科拉兹斯也。在快樂派中以次而進也。耶科拉兹斯之勝於彼等者何也。彼之快樂論而有品等之差違故也。其品等之差違。果以如何之標準而定之乎。是吾人所宜窮追者矣。其孰上孰下。孰高孰低。亦不容易決之矣。耶科拉兹斯之所以勝於庸人者。以其高於常識也。美陸亦能於常識之外。而了會演繹之。故其對快樂說。而見有特別之見也。自他面而觀之。似漸離於快樂論者之立脚地。而彼實於不識不知之間而蟬脫快樂說。以向於人生最高之目的。而在彼尤不自覺也。

次美陸而起者。希茲烏伊可是矣。彼亦自美陸之快樂說而出發。遂歸於加托之直覺說。而企調和於功利教與直覺說之間。其所說之義務。與加托之說酷相肖宜矣。故今日之快樂論者。繼美陸希茲烏伊可而相踵出。而漸轉其方向。近來之惟識論。是其現象也。故美陸希茲烏伊可等曰。以快樂爲行爲之終局目的者。不可直接而企圖之也。必間接而求之。而後可勁達也。嗚呼。是果何言歟。不以直接之目的爲目的。則此目的亦非目的矣。何也。道德者本以終局之善爲目的。而不可假定者也。而彼等則曰終局之善者。惟快樂耳。而不窮追快樂可乎。嗚呼。何其說之奇怪也。若但窮追快樂。而不以直接之目的爲目的。其必非終局之善。不待言矣。

乃更沈思而默考之。彼等之所說。又於不識不知之中而近於完已說矣。近來之完已說。乃借快樂說之表面而立論者。其陷於困難一也。所謂完已說者曰。人生終局之目的者。非快樂。非克己。實在自我之現在也。是在箇人品性之完全發達也。其窮追最終之目的者。不期快樂而自到。不求幸福而自隨件也。惟其然也。則與美陸希茲鳥伊可所說之眞意相去幾何乎。以自然而生幸福。以各種之形式與目的而求快樂與完已說之所說無一反對者也。無一逕庭者也。故彼等之所說。其與完已說同。以世界一定之秩序。而進於人生最高至上之目的。而幸福即隨件之。而其所期成者。終未能忘於快樂也。但已入於此而猶追慕不已。故曰功利論於不識不知之間。而入於快樂以外之最高目的者也。

第九章　論進化的倫理說

第二十一節　進化論應用之道德

進化論者。爲現世科學者之特徵。於十九世紀之初。他陸烏伊拉馬陸科以爲種族起源之應用。至哈威托斯威沙用之於社會之制度。及施政之形式。以推及於太陽系天體之說明。至以生物之進化爲道德界之應用者。實自斯威沙一流之見界始。蓋人生者不外於生長發達之過程。吾人所希望終局之目的。亦不外此完全品性之發展。故進化發達者。吾人之所必取也。美阿衛陸其題倫理學上進化論之値價。以進化論爲倫理學之應用。直接而收其利益者。雖不勝枚擧。而其可擧之利益。錄之於左。

第一　其箇人的所假定之事

第二　明其道德的發達之歷史

第三　於倫理學上快樂之位置而別開生面

此皆以進化論爲倫理學之應用者。實自哈威托斯威沙始。

第二十二節　論斯威沙之進化說

斯威沙之倫理說。其所著書「特他」「渥列」「由斯科斯」已發明之。今姑擧其說之梗概。斯威沙其論所謂行爲。所謂善惡之標準。先溯源於下等動物之生活而說明之。蓋於下等動物之生活。其如何無行爲之事能。又無善惡之事能者。蓋其生活之眞髓。其內界之關係。與外界之關係。不能努勉而順應故也。即有機物而不奮勵者。亦不外於自己與外界之環境。而不適應之故。故不能與其行爲而適應。以助其長。而妨其活動也。夫與外界適應而助其行爲者是爲善。與外界不適應而妨其行爲者是爲惡。此人所易解者。更切而言之。與吾人之目的適合者爲善。而不適合者爲惡。其目的之適合者。不外與外界順適之義也。故能與外界順適者。即與其目的相適。而快樂伴之。是即所以爲善也。若無外界而不順適者。即與其目的相背。而痛苦伴之。是即所以爲惡也。故凡行爲者。皆非純乎純者也。其行爲者。其一部爲善。其一部爲惡。此必然之理也。要之以善惡相比較。於總額之上。其善多者即爲善。其惡多者即爲惡。而欲增進此目的者。存乎其道德也。

自科學的立論而觀之。果合於實事之眞理。或無不合之點。且促生存之進化發達。而存其道德也。是非道德之意義狹隘也。試沈思而默考之。如斯威沙之顚倒其前後。而不能定一定之理想。徒以利便於社會生存而順應於外界者爲善。而無一定之理想。而但求其適合。是不可也。譬之人之死獸之斃。非自然之適合乎。亦非順應者乎。人之爲盜爲惡者。自其一面而視之。亦非適合者乎。蓋無一定之理想而徒以其適應外界爲言。非眞自然之適合也。以吾人之所見而眞爲適合者。必以吾人內界之關係與外界之關係而適應。又必外界之關係與吾人內界之關係而適應。而後可也。何也。吾人心意之本質。必有發達之理性。必有鬱勃不可抑之努勉力。此努勉力者。縱欲抑之而不可抑者也。縱欲阻之而不可阻者也。雖不欲甘之。而各種之慾望。自向外界而現也。然此慾望者。果整理而發達之。整其系統。定其次序。以達到一定之理想。而後爲自我之實現也。自此點而觀之。則進化論者。迥非完已說之所能及矣。

就進化論者之中。惟斯威沙之說爲可取。至其餘之進化論者。更趨於極端。皆直以慾望之動機爲目的。而非斯威沙終局之目的也。斯威沙於此點。此所以優於其餘之進化者。故吾人取之也。

斯威沙之進化說。大抵與完已說相出入者。而阿列契沙他及馬契茲則以斯威沙之說爲不完全之完已說。及至科利則更進一層盡取其餘之學者。此吾人所不能信而亦阿列契沙他及馬契茲所不能首肯也。何以故。科利之所謂進步者。實自哈契陸之發達論而出。而哈契陸之所謂發達者。非與他陸鳥斯威沙之所謂進化同意乎。此等之差異。最不可不辨者也。

哈契陸之所謂發達者。以人爲理性的動物。稟有此理性。而社會者不外於此精神之發現也。此精神者。隨其時代而發現之。奚阿托加伊斯托以爲即時代之精神也。其時代既異。其精神亦異。而其目的與理想。則仍一也。而其實現者則仍一也。他陸鳥伊拉馬陸科以至斯威沙其所謂進化者亦何莫不然也。其進程也。原自盲目的活動也。以盲目的之故。故不能有一定之目的。雖不能定也。而循進化之順程而前進。而歸著於各種之目的。此必然者。與衛契利阿一流之發達論而比較其進步之點一也。以現時而爲進步之程路亦一也。然以其目的不定。故遂爲盲目的進步。而無根本的相異也。是故吾人以斯威沙之進化論的理學。而不能入於完已論也。吾人欲求完已說者。當於科利撲拉度列求之。

第三編　說明新倫理學之立脚點

吾人於前篇。已批判直覺說快樂說及進化論矣。其孰非以論述我之所謂新倫理學乎。然則新倫理學者果何如乎。其學說究何在乎。曰即完已說是也。今於此篇所以研究此說之立脚地也。

第十章　論完已說

第二十三節　科利之倫理說

托馬斯科利者。於今世倫理思想史上爲一大轉機者也。氏所著書名爲「撲洛列科耶那茲幼斯科奚」實爲完已說之明證。最近倫理學說之寶庫。上受之於阿列斯托特列斯之康福說。自其所謂理性者以明其活動。下統哈契陸以下所謂賀斯扺加茲希斯科陸之後。而集其大成者氏之見界曰。凡人類性質之本質。皆禀有其合理的原理。蓋人類雖亦與動物而同有性慾。而此性慾者支配於吾人所禀有之理性。此人類所以遠異於物動也。是故人類之性慾者。非性慾也。人之感情也。非但爲感情而已。何以故。人類之性慾者。含有多少明瞭目的之自覺。既會有多少明瞭目的之自覺。則非獨性慾。實慾望也。彼之感情。亦含有多少明瞭知識之原素。既含有多少明瞭知識之原素。則非獨感情。實知覺也。

夫人類之感情。既非獨感情。而實爲知覺。人類之性慾。既非獨性慾。而實爲慾望者何也。蓋人類之本質。既爲理性的自覺的精神的。則實人心之本質也。即下等之動物。於全然理性的原理。亦非缺如也。如斯威沙謂下等動物。亦禀有順應之原理。科利亦許之。但下等動物者。其禀有包含之理性。甚不明瞭。則發現明瞭者。多隱而不現。至吾人人類。其發現既明瞭。故道德的生活之意義。實自人之自己所禀有之理性。努勉而益明瞭之質而言之。吾人之理性的自覺的能力。皆爲最調和的。而其發達最完全。試進問其以如何之方法。而能令此理性的能力而發現乎。則將應之曰。此亦非易之事也。何也。人間之理性的性質。今方爲發達之進程。其發達既未完全。遂未能爲充分之實現。勿論於道德的生活。非可自人生之起點而立論。則必著實於其歸點而後可也。雖自其目的而論之。吾人亦未能達到完全之目的。雖欲先說明其完全者不能也。則吾人於既往。吾人之理性。其發展如何。未可得而知。則於將來向如何之方向而進。而倍覺發達。亦未可得而知也。

願望既已發現。則自我之實現其如何方法之問題。關於此點者。果如何而整理其慾望界乎。則馬茲嗤承科利之說。而吐一種之卓見。爲吾人所當研究者。於後再陳之。

第二十四節　自我之實現在整統其慾望

自我者。實在也。渾一也。我之觀念者。於外延的。則含人之觀念也。人之觀念者。於內包的。則含我之觀念也。是故自我者。不出於常住於願望之有機的統一之外。質而言之。則品性之表現也。慾望者何也。整理其慾望。以確立自我。其順路如何。其自我實現之意義如何。是等之問題。皆所當研究者也。

凡生於地上而生者。孰不謀其生計乎。禽獸之求食也。蟲魚之尋餌也。莫不皆然也。夫動物之求食。是其體慾也。即最下等之動物。如阿馬哈（譯音）者。其求餌也。忽向左焉。忽向右焉。遇溫度則進焉。遇冷氣則避焉。是體慾之萌芽也。雖然。下等動物之體慾者。而快苦必伴之。然其本質。不過盲目的活動也。稍高等而進於動物。其體慾雖更明瞭。且爲確實之活動。亦猶饑而食。渴而飲。未有目的也。其意識的未嘗有自覺也。更進而至於人類。其慾望之目的。已有認善之自覺。然於滿足之豫想。對象之意識。猶未能充分說明也。何也。其所謂認善者。果爲如何之意義。猶未能明瞭也。認善云者。其對象之目的。未能出於自覺之外也。是故慾望者。必伴目的之自覺而言。其意識上。必以慾望之對象之動機而言。精神者。活動也。心意者。刹那也。其起伏制尅之作用。無定時也。故於慾望糾紛而起之時。則動機必擾擾而相爭。動機方擾擾而相爭。則慾望以糾紛而愈亂。而必撰其一以制其他。所不容已也。以其所撰之慾望。而拔其餘之慾望。而後能明瞭。其慾望既明瞭。而後可言慾求。慾求者。所撰擇一個之慾望也。有活動之勢力。其意向日加。其實現力日增。於是乃發爲意思。意思也者。有左右行爲之勢力者也。於人間之行爲靜動之活力。皆以此意思之連續。而支配於人之動作。以助其精神之活動。而後可言品性也。

然則慾望者。關於其人之品性也。則慾望者即品性之表現也。何以故。動機之未發。是爲慾求。當其紛紛相紊。擾擾相爭之時。其爭而決定者。則其慾望之勢力。其強弱因之而判也。凡屬於慾望者。必以慾望界勢力之強弱而判之。慾望界者何。其性質於後節而說明之。

夫慾望者。非可孤立離羣而存者也。互爲連鎖。互爲系列。以成一箇之慾望界也。是故慾望之起。每表於意識之上。其實不出於一箇單獨慾望之外也。其潛在意識之下者。有慾望之系列。而統一於一箇之慾望界。其潛在的統一之慾望界者。即屬於其慾望。其勢力即爲其慾望之後援。故於其意識上之相爭。其慾望之消長勝敗。非以慾望自身勢力之多寡大小而決之。實以其後援慾望界勢力之如何而決之。而爲此後援之慾望界者。即不出其人之品性人物之外。是必以倫理敎育之陶冶品性爲必要。而所以有効也。蓋倫理教育者。所以育成陶冶此慾望界者也。品性者。常住於此最高至上之慾望界。所以發達其高尙之慾望也。

倫理之要義。既常住於此最高至上之慾望界。則人類孰不常住於此一定之慾望界者。於此最高至上之慾望界而制馭一切。確立其品性於高所。以達於理性的自我之窮極。則自我實現之要其在玆。而完已說之眞髓亦在玆。

以上所論述。乃完已說之眞髓。實人生之目的。自我之實現。而自我之實現者。自靜學的方面而觀之。不出於慾望界整理之外也。更有進焉者。欲整理其慾望。必高尙其品性。其事如何。後再論之。

第二十五節　眞我者即最高慾望界也

前節既論人之慾望之系列。即常住於慾望界。此慾望界者。即以支配其人之云爲動靜之動力而言。然慾望界又有高下大小之別。其常支配賢哲之心意者。决非衣食住之慾望明矣。賢哲之人。常住於經世濟民之術。仁義禮智之大道。故賢哲者必以高尙之慾望界爲究竟也。而反之者是爲尋常庸人之所思矣。彼尋常庸人之所思者。非食則衣。非溫則甘。多慕於口鼻耳目之慾。彼之支配其心意者。大抵如是也。故彼所常住之慾望界爲最低。大人君子則不然。其智則格事物之原義也。其能則達人生社會之眞相也。其觀念則明瞭也。其見聞則該博也。其所常住之慾望界。如此其大也。若彼尋常庸人者。其智識則偏狹也。其意思則偏僻也。其慾望之規模小。其企圖則低且劣也。是其所常住之慾望界之範圍小故也。然則人之品性之異者。非自其常住慾望界之高下大小而分之乎。故慾望界有大有小。有高有低。彼常住於小慾望界者。欲得滿足焉不能也。於是更移住於大慾望界。彼常住於低慾望界者。欲終甘心焉不能也。於是更進於高尙之慾望界。必努勉而起矣。是故人之慾望。

無止境之時也。庸人之所慕者。雖達而又有進焉。賢哲之所期者。雖至而猶有冀焉。悲世之志憫窮之心。孜孜汲汲。無一日而忘社會也。所以活動最多也。彼庸人之所不甘者。所不安者。亦人類之所以發達也。而不免於輕舉妄動焉。人皆輕舉妄動之故。故必整社會之秩序。而後國家之繁榮就其緒也。又以發達進步之故。而後知道德品性之靡所底止也。然則人於所常住之慾望界。去低而就高。捨小而就大。則順其序矣。

人之終墮於凡庸者。彼獨充其性慾。故易滿足故也。如是則與動物之相去幾何。野蠻人之狀態是也。人既爲理性的動物。豈能長久以此狀態而滿足。苟欲滿足此慾望界而不能。彼必努勉以起。彼必奮勵以發。直進而解人生之眞味。完處世之義務。重社會之德義。盡人生之天職。脫卻體慾之狀態。而入於道德的生活。離於性慾的慾望界。而入於社會的慾望界。而猶不能以爲滿足之事能也。乃遽然自覺彼之常住於慾望界者。非眞慾望界也。必更入高尚之慾望界而後止也。遞次上進而不已。

其發達亦不止。終必常住於眞成之慾望界。以完最高至上之生活。以勉達於人生窮極之目的與實現。而發現人生之本質也。其最發達之慾望界最高至上之道德的生活。果如何乎。亦實收人生窮極之目的而已。

然如科利之所言。亦不容易矣。何也。現時之社會。猶在發達之順程也。吾人猶在進步之徑路也。雖然。人也者。出於社會。成長於社會。生存於社會者也。而欲生存於社會。對自然而舉收得利用之實。則人對自然之關係。與對社會之關係。皆必善於理會者也。其一面。則知社會之眞相。而得人生之眞味。其一面。則對自然環象而啟發其識見與知能。人生之目的。在茲而已矣。拉伊列利茲言。人生之完全者。在調和均齊。以發達其活動而已。此阿利斯托陸所以重適從理性之活動也。故人生無滿足之境。而社會者其進步發達之順程而無已時者也。

第十一章　對自我實現社會之關係

第二十六節　最高自我者社會的自然也

完已說之眞髓。在自我之實現。而眞之自我。即理性的自我。即社會的自我也。質而言之。眞之自我者。即社會中之實現也。何也。

昧昧我思之。全然離社會。以脫一切處生之羈絆。離羣索居。以謀箇人之生活。實哲學上之空想。決不能現實也。人離社會。或隱遯於山林。或耕耘於田野。逍遙寂寞之地。放浪自適者有矣。而彼猶未能全脫於風塵之外也。猶不得謂之爲全然解脫於社會也。何以故。彼之衣食。終非求之於社會不可也。人既生於社會。生長於社會。生存於社會。衣之食之。而仰於社會。是決不能離社會而存在也。世間何物。皆不能離也。阿利斯托陸曰。離社會而能生存者。非神即禽獸也。蓋神者。於社會生存。非其必要。而禽獸者。不知生存於社會者也。一則無實現。一則無理想。無實現與理想。則非社會所必要矣。而人則不然。我之理想與實現。則以社會爲必要矣。何也。吾人之慾望界。必有內容也。此內容者。決不能離社會而自存者也。以吾人而觀之。神苟有理想與實現者。亦必待有社會而後可。而後自己之實現可附於社會也。不然。既無社會。則自我亦無矣。

社會者何也。曰統一也。有機的統一也。有機的統一何也。與其各部有不可離之關係之義也。蓋有分殊。有統一。以爲之調和者。社會之眞相也。是故吾人自我之實現者。必借其他同胞之補助也。他人理想之實現者。亦必求吾人之助力也。以相助相待而增進社會全體之進運也。故理想之眞現者。其對社會之進運。不外全身之貢獻也。自我之實現者。其對國家之發達者。不外一臂之助力也。

第二十七節　自利說利他說之論爭

自利說利他說之論爭。自古有之矣。人生之目的。以有自己之實現故。而以其餘爲不足顧。以收自己之目的爲必要者。自利說之立脚地也。反之而倡委一身以供他人之極論者。即利他說之立脚點也。斯威沙者。於賀列斯之自利說而懷疑。乃向其點而加鑽研之力。乃加精細之批評曰。自利與利他進其極端。皆足以自殺也。何也。若有人單追窮自己之目的。其所以追窮自己之目的者。則必一毫不仰他人之助力而後可。彼反之者。又趨於極端。以自己而供他人之犧牲。而使他人不能自盡其義務。而棄自己於不顧。而實侵他人之能力者也。其論鋒之銳利。一至於此。故兩說之極端。皆足以自殺也。於是乃下斷案曰。以吾人之追求。彼純粹之自利說非也。彼純粹之利他說。亦非也。而在兩者之間。而求社會益發達。社會益完全。則必自利與利他。互相一致。而二者之互相一致。以調和其間。則決無衝突之事也。

列拉托撲曰。人也者。有本然二箇之原理。其一則自肯是也。其一則自拒是也。自肯者。確爲自己之生存。自拒者。確爲他人而以自己供犧牲。有自肯之性。而人故爲己謀而利己。有自拒之性。而人故能爲社會而捨己。是自愛與愛他之所以存也。

自吾人而視之。是等之諸說。猶未徹底於極所。殆始隔靴而搔癢。不能不抱缺點之憾也。而吾人之觀念。爲社會而爲一己者。非以自己而供犧牲也。實所以完成自己也。自我之實現者。非不顧社會也。實所以供獻於社會也。故自利與利他。惟斯威沙之說。其矛盾者最尠。何也。吾人者。必達吾人之社會的目的。而後眞之自我之實現。

始得完全也。彼之單言自利者。亦非眞之自得實現也。是故吾人實有之私福。其分量益多者。此社會之利福所以增進也。社會之幸福既日增。而吾人之自我。乃益完成矣。

但吾人之所論。非欲人皆棄己而謀社會之利也。亦非欲人私己而不爲社會盡力也。蓋於自利與利他。必求互相一致而後可。其視人之事。如己之事也。其視人之要求。如己之要求也。故謂之完成自己可。謂之完成他人亦可。雖然。以社會的見界而盡己。其對全體即自己貢獻之時也。不陷於極端之自利說。亦不陷於極端之利他說。自我之完成。而社會亦完成。

新世界倫理學終

光緒二十九年四月十三日印刷
光緒二十九年四月三十日發行

定價大洋四角

譯者　武陵趙必振

發行者　上海英租界棋盤街中市　新民譯印書局

印刷所　上海英租界棋盤街中市　新民譯印書局

總發行所　上海棋盤街中市　新民譯印書局

日進文明讀是書者紬繹其公理之層出爲我國之先導豈不盛哉定價大洋三角

戈登將軍

金田之役削平大亂以西人而參與軍事實自戈登始戈登於歐洲有支那戈登之稱其于支那之關係可想而知欲知泰西之名將必于戈登首屈一指欲知泰西名將之關係於支那者戈登而外孰有爲其第二者幷附有肖像定價大洋三角

新撰萬國地理

自地球旣通而後地理一書爲今日所最切要者亦爲今日所最蕪雜者欲求其不繁不略去蕪雜而歸切要則日本理學士新撰萬國地理一書言地理學者所當先覩爲快也是書編譯均經兩手抉擇嚴謹校勘精良其中攷究各國政教異同山川險阻與民情風土及一切產業氣候動物植物靡不條分縷晰竟委窮源加以國界地界必著論說人名地名必添注西文指點詳明詞筆簡潔學者得此不出戶庭而地球上之情形虛實可一覽而盡焉定價大洋六角

最新倫理學

欲增進國民之幸福不外於體育智育德育三者而德育尤其要也近日改革之風潮日甚一日發揚蹈厲之士皆欲剗除社會之舊習慣而一新之然而舊道德雖或摧倒而無新道德以爲之基礎則從此墮落靡所底止故新道德尤其要也是編日本乙竹巖君所著搜集東西洋諸大家之宏著而擷其精英於德育三致意焉我國民今日之勢正舊道德將墮而新道德未立之時也故亟譯之其直接之關係有識者當共認矣定價大洋四角

地球英雄若華盛頓拿破侖無不嘖嘖于人口可與華拿比肩者首推亞歷山大是書將亞歷山大生平之事蹟譯出躍然于紙上文筆尤簡而意賅爲歷史之精本談

亞歷山大

西史者誠必需之書也釘裝洋式定價大洋三角

西學之大者莫大於政教然歐美政教之眞面目有非閉門造車竟可以出門合轍者蓋無徵不信足信者其惟政教紀原一書乎是書之著日本

歐美政教紀原

井上先生憤其政教之不良故具哲學家之本領橐筆歷重瀛探其驪珠以爲國家治理之助是以於西政之利害得失與西教之源流宗旨其關係於各國風俗之純駁如何其適合於各國民情之順逆又如何攷察至確評論至當夾敘夾議如史公傳記體裁學者覽此不獨知歐美政教之虛實且可以明其政教是非之所在焉釘裝洋式定價大洋六角

英國憲法及政治問答

今之談政體者曰專制曰立憲曰共和三者之政體咸稱立憲政體爲最美然西國立憲政體則尤當以英國立憲政體爲最優焉是以訪英國政治問答一書特延精西文者爲之繙譯無扞格不適之患且聘精西律者爲之改正有攷據至當之善所有關係於英國政法之精意如官職議院兵刑財賦之制一書之中包括無遺加以問答較覺簡明易讀有志外國掌故之學者不可不奉此爲圭臬焉

新民譯印書局現印書目